作者的话

有生就有死,谁也占不了便宜。好比秦始皇和汉武帝一样,一心一意想求得长生不死药,到头来还不是剩下一堆白骨,终究逃不过一死。

死,有轻若鸿毛,也有重若泰山。不过,好像有人对死很恐惧,心中有极度的不安感,不晓得在害怕什么。

如果我们经常被这个压力侵袭,就容易出现莫名的紧张,对生活感到厌恶,不能快快乐乐地活着。

人生不如意的事十之八九,谁都不可能永远顺遂,而死亡是人类必然的结果,既然是不可抗

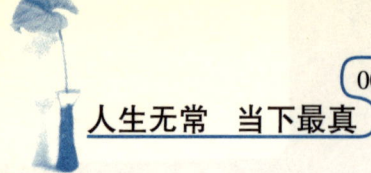

拒的事,若是一味地排斥或惧怕,只会增加自己心中的负担,把生活变成一种折磨。

记得看过一则报道,有名叫廖美喜的妇人,她与癌症相搏十多年,痛起来的时候,她自己形容说"像是刮强烈飓风",尽管身上有癌细胞在流窜,她却拖着败坏的身体,义无反顾在医院当义工,竭尽所能帮助和她一样罹患癌症的病人,带给他们信心和生存的勇气。

有次搭公车,她拿着残胞票上车,结果被司机不客气地把票掷回。

"好像我是次一等的人。"她说。

不过,这些挫折并没有击倒她,反而使她愈挫愈勇,然后把这些侮辱忍下来,尽心尽力照顾癌症患者,告诉他们生活的力量在于自己。

有限的生命是一张订了回程的车票,谁也不知道什么时候轮到你。所以,她以坚强又达观的口吻说:"还剩几天就做几天义工,绝不浪费。"

美国哲学家梭罗说:"**生命本身没有意义,**

你必须赋予它意义；而其价值也透过你所选择的意义而彰显出来。"

死亡并不可怕，可怕的是我们不敢面对它。

印光大师在门口张贴"死"字，每天以坦然的心情面对，丝毫无所畏惧。如果我们满脑子只担心"死"了该怎么办，倒不如担心现在该怎么"活"来得实际。

佛陀在世的时候，有次曾经问随行的弟子说："你们知不知道，人生究竟有多长？"

有个弟子回答："五十年。"

佛陀说："不对。"

其他的弟子陆续说出"四十年"、"三十年"、"二十年"等答案，但佛陀总是摇着头。

最后有位弟子请示佛陀说："人生是不是只在一个呼吸间。"

这时，佛陀才微笑点头。

当然，每个人多少都会害怕死亡，只要体认死亡是人生的必经过程，其实不只是自己，包括任何人都无法逃避的，自然能从容面对死亡的不安和恐惧。

虽然人生无常，但我们有权让自己活得有尊严，创造自己的人生，而不是哀声叹气或漫无目标地活着。

《法句经·爱欲品》云："一切意流衍，爱给如葛藤；唯慧分别见，能断意根源。"

意思是说，所有的妄念都会长流蔓衍，爱意犹如葛藤随处攀缘；只有智慧能够分辨区别看待万物，能够斩断情思的根源。

有智慧的人，可以选择自己想过的生活；有智慧的人，愿意改正身上所有的恶习；有智慧的人，懂得停止永无止尽的追求；有智慧的人，一定能够体会生命的真谛。

生与死不足为惜，好好把握和珍惜人生现在拥有，就是赋予生命最大的意义。诚如英国文学家约翰生所说："怎么死并不重要，怎么活才重要。"

珍惜人生在世的时光,一切用平常心来看待,深入自己的灵魂深处,告诉自己死没有什么,如何活得充实有意义才重要。

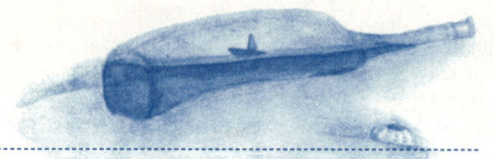

在一切足迹中，
大象的足迹最为尊贵；
在一切正念禅中，
念死最为尊贵。
每当我们迷失方向或懒散的时候，
观照死亡和无常往往可以震醒我们回到真理：
生者必死，
聚者必散，
积者必竭，
立者必倒，
高者必堕。

——佛陀临终前说

目　录

作者的话　1

辑一　生命旅程的真谛　2

> 逃避生死或害怕死亡，并不能免却生死，也不能超脱生死，反倒会让自己无所适从。如果说人的生命只有一次，那么好好的活下去，就是这一生最有意义的事。

用心过生活　3
　　思考活在当下的价值　4
　　生命是用来愉快的过生活　6
　认真活出生命的喜悦　8

认真思考生命存在的意义　9
　　找到生命中有价值的目标　10
生命旅程的真谛　13
　　他是没有向命运低头　14
　　生命是字或谜，在于你怎么选择　15
生命价值不在长短　18
　　生命的价值要活得有意义　19
　　存在的长短不是那么重要　20
用爱让生命活得更美丽　23
　　生命是一首写不完的诗　24
现在该怎么"活"　28
　　活着念念不忘死亡　29
　　把死亡当成生命的终点　30
活出生命的价值　33
　　好好经营生命，面对沮丧失望　34
人生最宝贵的遗产　38
　　精神永留，才是真正意义的长寿　39
　　羞耻心与道德感都荡然无存　41

辑二　做生命的好管家　46

> 甘愿付出，欢喜接受。生命不在乎贫穷富有、职位高低，就看能否选择全心投入，即使是再平凡的人物，都可能因为对生命的尊重和热爱，而变得高尚起来。

创造美丽的人生　47

　　生命无常，慧命常存　49

保持愉快的心情　52

　　感恩生存，也当感谢死亡　53

　　活着保持愉快，死亡从容面对　54

正视自己的生活　57

　　清清楚楚地知道自己在做什么　58

做生命的好管家　63

　　从事有意义的工作　64

　　甘愿付出，欢喜接受　66

尊重生命的可贵　68

　　人的生死，让它自然即可　69

　　珍惜生命、尊重生命的可贵　71

诸恶莫作，众善奉行　73

　　从这一生的"因"上去努力　75

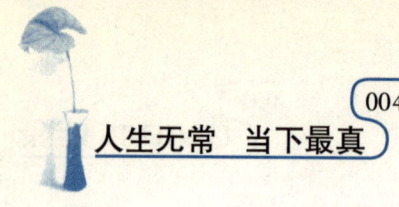

善有善报，恶有恶报 76
活著最好，有爱不老 79
　　一颗进取学习的心 80
　　不要闲著没事做 81
活出生命的尊严 84
　　生与死是必然的过程 85
　　生命的价值由自己负起责任 87

辑三　从容自在生与死 92

> 当死亡来到时，若能自主自知，以喜悦的心勇敢地面对死亡、接受死亡，对于自己一生的行为，不论是善、是恶都要心存感谢，无怨、无悔、无嗔、无傲。

平常心坦然面对 93
　　用豁然的态度看待生命 93
　　万物带不去，唯有业随身 96
给自己预留遗言 99
　　好好去做想做的事、未完成的事 100
　　用行动去做，而不是光想 102
从容自在生与死 105
　　我会死，我总有一天会死 106

以喜悦的心勇敢地面对 107
与最爱者心心相通 110
　　将生命发挥得淋漓尽致 111
　　用思念来代替悲痛 113
活得比谁都开心 115
　　有句话说:"好死不如赖活着。" 115
　　月有阴晴圆缺,人有生离死别 118
以平常心对待死亡 120
　　死亡是最后终结的觉醒 121
　　多花心思面对生命的无常 123
主动扭转命运 126
　　要活得有勇气,不要老是归咎于"命" 127
　　人的命运操之在己 129
观想自己的死亡 132
　　观想死亡时的感受、痛苦 133
　　摒除我执和得失心 135

辑四　活出自己的天命　138

> 苍松可以活上千年,而牵牛花仅能活一日,有人认为两者同样长寿,因为它们各自完成自己的天年,谁也没有夭折。可见,生命不在活得多久,而是有没有尽到自己的本份。

欢欢喜喜接受它　139
　　不要只顾着累积在世上的财富　141
　　随时随地预计可能遭遇死亡　142
靠智慧与毅力去克服　145
　　挑战着人类的智慧　146
　　好好充实自己和体验人生　148
不要再"等到以后"　151
　　现在想做的事就去做　151
　　往者已矣,来者亦不复可追　154
死是生的开始　157
　　"死亡"是相当忌讳的话题　158
　　提前体验生离死别的感受　159
活出自己的天命　162
　　各有天性、各有天命　163
　　朝闻道,夕死可矣　164

充满感恩的心　167
　　还有什么是还没做，要及时做　168
　　与其活得长，倒不如活得好　170
观照死亡和无常　172
　　重新找回生存的勇气　174
感受活着真好的喜悦　177
　　觉得活得很辛苦　178
　　把寻死的念头转化为求生的意志　180

PArt I

逃避生死或害怕死亡,并不能免却生死,也不能超脱生死,反倒会让自己无所适从。如果说人的生命只有一次,那么好好的活下去,就是这一生最有意义的事。

辑一

生命旅程的真谛

用心过生活

> 无用的生命，只是早的死亡。
>
> ——歌德

生命有出发点，当然就有终点。

虽然死亡是生命的最后阶段，但为什么会令人感到可怕？因为我们对死亡之后的事一无所知，无从得知是否比活着的时候好或不好。

于是，在不确定又充满恐惧的情况下，死亡成为一项避之唯恐不及的禁忌，不能谈也不愿谈。

可是，用驼鸟的心态来规避死亡问题，就能逃过一死吗？不用多说，当然是不可能的。

既然如此，我们应该用开阔的心胸来面对死亡，观照死亡，体会死亡，让有生之年的生命可以活得更美好、更充实。

思考活在当下的价值

北欧芬兰的成人学校开了一门课，教人亲手制作自己的棺材，在学习中思考生命的价值，并且勇敢地面对死亡。

艾莉莎和卡略特这对老夫妻，正试试自己的棺材，感觉一下它舒不舒服，是否还要再修正。

从前妻的过世，卡略特体认到自己终有一天也要离开人世。再婚之后，他便经常和妻子艾莉莎讨论死亡的问题，两老因而决定要作一个最适合自己的棺材，好让自己往生后，即使躺在冰冷的棺材里头，仍然可以感觉到就像住在家里一般。

于是，两老参加芬兰成人学校的棺材制作课程，从丈量、裁切、钉钉子，到铺棺材的里布，样样都亲身参与。

教授课程的老师说，自己动手作棺材，能让人面对死亡，也唯有面对死亡，才能坦然面对生

命,思考活在当下的价值与生命的真谛。

生命的有无意义,不在于活的多长,而在于活的真不真实。

一名女子与相恋多年的男友分手,在那段伤心的日子里,她看了一部不知名的电影:有个人死后到天堂,那个地方有许多天使,还有许多像电视一样的机器,天使请他坐下来,然后这些机器就开始放映他的一生。

他就这么看着他的一生像电影一样放映着,但是他发现机器只要放映他逃避的一些事情时,画面就停格,于是一部机器停格在他第一次惹爸妈生气却不敢道歉,他爱上一个女孩却不敢表达,他为人父亲时,不敢表达自己对孩子的关爱……。

终于,他的一生放映完了。

天使们一阵讨论之后告诉他:"你在这一生中缺乏了爱与勇气,所以我们要请你重回人间,把爱与勇气学会之后,再回到这里来。"画面一

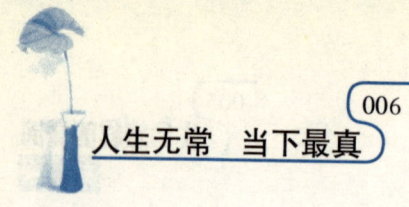

转,这个人又回到人间,重新学习爱与勇气。

生命是用来愉快的过生活

作家萨拉说:"生命是一条美丽而曲折的幽径,路旁有妍花丽蝶,垒垒的美果,但是我们很少停留去观赏,或咀嚼它,只一心一意地渴望赶到我们幻想中更加美丽的豁然开朗的大道。然而,在前进的程途中,却逐渐树影凄凉,花蝶匿迹,果实无存,最后终于发觉到达一个荒漠。"

没错,**生命的可贵之处,不是用来寻找答案,也不是用来解决问题,它是用来愉快的过生活。**

所以,用心过生活吧,把生命的每一天当成是最后一天,好好珍惜拥有的一切,这就是对生命最负责的态度,也是生命赋予我们的最大价值,否则活也是白活了。

观照生与死

生命的有无意义,
不在于活的多长,
而在于活的真不真实。
用心过生活,
把生命的每一天当成是最后一天,
好好珍惜拥有的一切,
这就是对生命最大的负责态度,
也是生命赋予我们的最大价值。

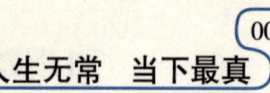

认真活出生命的喜悦

> 生命不在长度,而在精彩。
>
> ——哲言

人,赤裸裸地来到世上;离开时,也无法带走什么东西。无论活着的时候多么风光、多么不可一世,到头来只是高坟一冢。

相传亚历山大在临终前交代部属说,他死后要将他的两只手放置在棺木外,好让世人知晓,即使像他一生叱咤风云的人物,死后仍是两手空空,所有的权势名位、富贵荣华,什么也带不走。

于是,亚历山大的墓志铭上这样刻著:
当初,整个世界都不够;
如今,一杯黄土就够了。

既然生不带来,死不带走,不管你是贫富贵贱或美丽丑陋,到最后都只能长眠地下,而一切

的虚荣与名望,有如过往云烟一般消散,无影无踪。

认真思考生命存在的意义

因此,**一个有智慧的人,应该认真思考生命存在的意义,除了汲汲营营名利的追求外,能否留给后人什么值得怀念的东西。**

阿凡提很老了,有一天,儿子愁眉不展地说:"爸爸,有一天您老人家万一去世了,我们将继承您什么财富呢?"

阿凡提思索了一阵,叹了口气说:"孩子,我一无财产,二无土地。但是,你也别沮丧,我去世后,你可以继承我的智慧。"

的确,任何有形的东西都不能长久保存,唯有高贵的情操与美好的品德,才能永远受到世人的景仰。

可是,我们不妨扪心自问一下,如果自己现在忽然死了,到底能留下什么精采的东西给后人

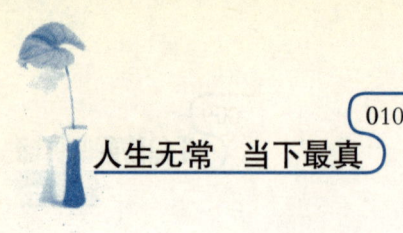

呢？是钱财，是发明，是知识，是德行，还是一无可取。相信大多数人一定回答不出来，因为很多人都是活得迷迷糊糊，日子过一天，算一天。

找到生命中有价值的目标

自己死后能留下什么东西呢？美国一家网站曾贴出一道测试题：假如你明天就要离开这个世界，你？

1. 你打算给你儿子留下一句什么样的忠告？

2. 在最后一天，你最想做的一件事情是什么？

3. 你想带一件什么东西离去？

该网站说，在 1902 年时，弗洛伊德为了寻找人们最本质的向往，特别设计了这道题目。当然，今天你也可以诚实地问问自己，真实地写出自己的想法。

1. 留给儿子的忠告：

2. 最后要做的一件事情：

3. 想带走的一件东西：

当你回答完这三个问题后，心里是否有一种庄严的紧迫感。是的，假如明天死亡临到你，现在会怎样呢？是紧张的不知所措？还是难过的抱头痛哭？或者已经毫无知觉地继续使用和透支生命，不知品味和欣赏生命中的美好？

作家德斐说得好："生命，并非由伟大的牺牲或是义务，而是由细小的事情所构成。惯于付出的微笑和爱，及小恩，都是赢得心之所安的东西。"

没错，人活在世上，不该只是勾心斗角的争权夺利或追求虚幻的世俗之乐，应该找到生命中有价值的目标，活得精采和不虚此行。

所以，不要只是等待死亡，而是积极活出生命的喜悦。

人生无常　当下最真

观照生与死

人活在世上，

不该只是勾心斗角的争权夺利或追求虚幻的世俗之乐，

应该找到生命中有价值的目标，

活得精彩不虚此行。

不要只是等待死亡，

而是积极活出生命的喜悦。

生命旅程的真谛

> 为什么害怕死亡?它是生命中最美丽的冒险。
>
> ——查理福劳曼

有人说:秋天和冬天是死亡的季节,许多叶子都掉落了。叶子掉落了,代表生命的结束,无不令人感伤。就像许多人都害怕死亡,因为面对不知道的东西,所以心中难勉忐忑不安。

然而,逃避生或害怕死,并不能免却生死,也不能超脱生,反倒会让自己无所适从,黯淡生命的光彩。

以《阿拉伯的劳伦斯》著作闻名于世的作者托马斯·爱德华·劳伦斯,虽然将生命热情奔波在沙漠之间,但生活的空虚感却隐隐压迫着他。当他攻陷土耳其的军事要地阿卡巴的那天晚上,一个人千头万绪地站在战场上。事后,他将当时的心境描写在著作《智慧的七柱》中：

"在宁静的月光投射下，效力于战场上的尸体，呈现著象牙般的光泽，那种美丽的程度，实在令人讶异。一具具年轻的尸体，几乎完全被茂密而沾满露珠的艾草所覆盖，而叶子尾端闪耀的月光，白净得如同海浪的飞沫。

尸体凄惨地堆放着，我把他们一个个排列整齐，但这时自己却无法排解忧烦的心绪。比起溪流对岸，那一群好掠夺、喜战争的群众，我宁愿是这些尸体中的一份子。

不管战争的结果如何，不久，死亡的手，将会公平地替每个人的历史划下休止符。"

他是没有向命运低头

可是，当一个人活着的时候，虽然知道怎么做才是正确的，往往不能贯彻，以致于浪费生命。

作家孟加说："浪费生命是人间最大的悲剧。"

  然而，生命是什么？生命的意义又是什么？要如何使生命活得更有意义？你曾经对生命绝望而想不开吗？

  自幼罹患类风湿关节炎的刘侠，遭逢如此无情的打击，这是她生命中的恶耗，也是使她体会生命中的意义的一件事。不过，她没有向命运低头，还不断地写出令他人珍惜生命的书。

  刚开始她知道自己患了关节炎，认为自己的人生，从此就像一把破损的小提琴，音调又高又尖又噪杂；但是，当她走过种种的苦难，领会到生命的真谛时，让原以为失意的人生，变成了一把成功的小提琴和一架音调柔和的钢琴，音调又美又高雅又丰富。

  如果说人的生命只有一次，那么好好的活下去，就是这一生最有意义的事。

生命是字或谜，在于你怎么选择

  虽然在秋天和冬天的季节，许多叶子都掉落

了。可是，美国著名的教育家与演说家李奥·巴斯卡力却借由叶子告诉我们说："春天变夏天，你并不害怕。夏天变秋天的时候，你也不害怕。这些都是自然的变化，为什么要怕死亡的季节呢？"

现在的我们可能不会再回来，但是不灭的生命会再回来，在生命的旅途中，我们一起体验大自然、学会欢笑，而这不就是生命旅程的真谛吗？

一片叶子落下来，因为它是自然的一部分。就像叶子落下了，但树仍然挺直着；当树倒下的那天，生命依然持续着；春天的时候，落叶不会再回来，可是生命一直都在。

美国思想家爱默生说："无论怎样单薄的东西也有两面，观察者看到了正面，就把它翻过来看反面。生命就是掷这个铜板——《字》或者是谜。"

生命是字或谜，在于你怎么活，怎么选择。

观照生与死

一片叶子落下来,
因为它是自然的一部分。
就像叶子落下了,
但树仍然挺直着;
当树倒下的那天,
生命依然持续着;
春天的时候,
落叶不会再回来,
可是生命一直都在。

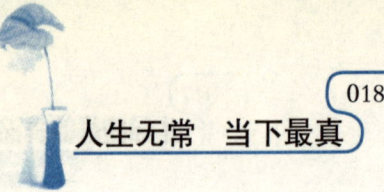

生命价值不在长短

> 死亡是生命之冠。
>
> ——杨格

有人说：生命是一个旅程，不是一个家；是一条道路，不是一座楼留的城市。

难怪有人认为，人生中所有的享受与幸福，不过是生命路旁的旅店，提供给我们稍为休憩，增添精力以便达到终点。因此，无论拥有多崇高的地位，多少的财产，死神终究会来敲门。

在演艺圈三十年的艺人邹美仪，以风趣逗笑、机智问答、稳健台风获得观众的喜爱。后来，不幸罹患癌症的她，仍然坚强地对抗病魔，带给人们健康快乐的感觉。

癌细胞扩及全身切除右乳，逐渐减少幕前演出，邹美仪仍积极地投入社会公益活动，以抗癌斗士到全省各地与病友分享经验，广获社会大众回响。

在她情绪最灰暗的时刻,透过宗教皈依星云法师,让她重新找到人生的方向,即使癌细胞扩散开来,她勇敢面对生命的态度,让周遭朋友们感受到无限的希望。

可是,当医师宣布她只剩下一年的生命,她曾十分不舍地表示将离开她最心爱的母亲很难过,至今一年不到,她带着遗憾挥别了人间。虽然已经离开滚滚红尘,面对生死,她已勇敢走完人生最后一程。

生命的价值要活得有意义

没错,生命的价值不在长短,只要活得有意义,绝对胜过庸庸碌碌过的一生。

苏轼写过一篇精采的短文:

三个老人相遇,有人问他们岁数。

甲老说:"我已记不起自己多大了,只记得年少时和盘古氏作朋友。"

乙老说:"沧海每次变为桑田时,我就下一

筹码,现在筹码已经装满了十间房子!"

丙老说:"我每次吃到蟠桃(百年才出的果子),就把蟠桃核扔在昆仑山下,现在已多到有昆仑山那么高了。"

虽然三位老人对自己的岁数极尽夸张之能,但是苏轼所下的结论是:这三个老头子在我看来,他们所夸张自己的长寿和短命的蜉蝣、朝茵,又有什么分别呢?

长寿是份福气,但必须加上无疾病、无痛苦,并且能行动自如,可以到自己喜欢去的地方,可以做自己喜欢做的事。

然而,为什么苏轼会把长寿与短命的蜉蝣、朝茵相比呢?因为长寿而混混沌沌地度日,这种了无意义的生命,对人民和社会无益,与稍纵即逝的蜉蝣、朝茵的生命相比,有何不同!

存在的长短不是那么重要

十年、二十年……五十年,乃至一生庸庸碌

碌、畏畏缩缩而活，不如一年、一月乃至一日而活得有意义，只要生命曾经绽放过光芒，人的一生已经值得。

活到一百岁和只活到二十岁、三十岁的人，根本上并没有什么差别。虽然前者多活几十年，后者少活了几十年，但这只是人们观念上的感觉与执著，对于体认生命意义和清楚人生真谛的人，存在的长短就不是那么重要，而是实质的内容。

德国文学家歌德说："人活到七十五岁，总不得不时时想到死，我却不因此而不安。太阳我们看去好像是沉下去了，在实决不下沉而不住地辉耀着。"

时间就是永恒，活到一百岁和只活到二十岁是一样的；一年就是万年，万年存在一年中。

只要活得有意义，生命就会接近永恒，即使只是短短的几十年，就是不朽的永恒。

观照生与死

活到一百岁和只活到二十岁、三十岁的人,
根本上并没有什么差别。
虽然前者多活几十年,
后者少活了几十年,
但这只是人们观念上的感觉与执著,
对于体认生命意义和清楚人生真谛的人,
存在的长短就不是那么重要。

用爱让生命活得更美丽

> 生命是一条险恶的狭谷,只有勇者才能通过。
>
> ——Mitchell pan

生与死不是什么新鲜事。自古艰难唯一死,而死又有重于泰山,或轻于鸿毛之别。

论语说:"死生有命,富贵在天。"

生有何欢?死又何惧?只要在有生之年,活得有意义,过着快乐平安的生活,又何必一定非长寿不可?

听过这样一个故事:一位母亲得了肝癌,到了晚期,疼痛常常使她浑身是汗,这样的痛苦不是一般人能承受的。

许多病人在最后一个月,经常是呼天抢地,但是她却默默忍受着。医生说,她在世上的日子不多了,最多一个月。

母亲却说:"我不能死,我唯一的儿子下个月就要结婚了,我还要等着儿子结婚。"

又撑了一个月,在她的儿子结婚后,她微笑地闭上了眼睛,因为她圆满地了却一桩心愿,此生无悔。

是什么力量支撑她活下去的勇气呢?不是别的,正是伟大的"爱",激起她旺盛的求生意志。

生命是一首写不完的诗

笔名杏林子的作家刘侠,不幸逝世的她,享年六十一岁。刘侠一生的创作,对残障友人的协助,以及她对生命的热爱,都令人留下深刻的回忆。

幼年随父母来台湾的刘侠,就读国小六年级时,罹患了类风湿关节炎,从此在家自学和病魔展开奋战。

刘侠用病痛萎曲的双手,创作充满关怀与爱

的文学作品，把对生命的热情，散布给周遭的每一个人。和病魔缠斗四十多年的她，表现出最大的耐性，而她的坚韧、真诚、热情，尽留在书的芬芳里，发光发热。

要经过多少风霜，才能真正长大？
要承受多少心碎，才能找到真爱？
要擦干多少眼泪，才能学会温柔？
要历经多少失败，才能学到经验？
要经过多少痛苦，才能懂得悲悯？
要尝受多少失去，才能懂得珍惜？
要历经多少沧桑，才能惜福感恩？
要迷失多少路程，才能找到方向？
啊！生命，
啊！生命，
生命是首无言的歌，
亘古唱到今，
谁能识透？

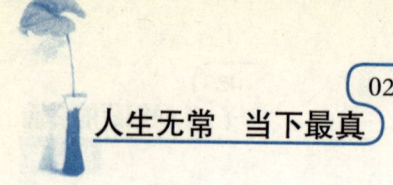

人生无常 当下最真

谁能看穿？
谁能说尽？
这千种心情、千般滋味，
不要问我生命是什么？
生命自己会告诉你答案。

在这首"生命之歌"中，刘侠写出了对生命的期许，同时也希望大家能够让生命活得更美，别让它承受无畏的伤痛。

生命是一首写不完的诗，我们要用血与泪来充实它的篇幅；生命是一首唱不完的歌，我们永远不能为它按下一个休止的音符。

作家 Mitchell pan 说："生命是一条险恶的狭谷，只有勇者才能通过。"

没错，请用心体验每一天，认真去做每一件事，不要蹧蹋宝贵的生命，而是用爱让生命活得更美丽。

观照生与死

生命是一首写不完的诗,
我们要用血与泪来充实它的篇幅;
生命是一首唱不完的歌,
我们永远不能为它按下一个休止的音符。
所以,请用心体验每一天,
认真去做每一件事,
不要蹧蹋宝贵的生命。

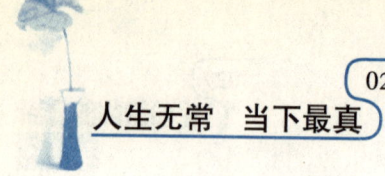

人生无常　当下最真

现在该怎么"活"

> 最初的呼吸也是死亡的开始。
>
> ——多马士·富拉

凡是活着的人，都一律难逃死亡的命运，差别在于怎么死。

虽然死亡从一个人诞生的开始就已经注定，差别是时间早或晚。自古以来，有人希望透过身心修炼，服丹药来延年益寿，乃至于肉身成仙，永生不死；有人则是潜心修佛，最终透过"死"而达至"西方极乐世界"，超脱生死。

当然，也有人不认为肉身可透过修炼或了悟来摆脱死亡，最实在的超越死亡之路，只能是在政治上建功立业、或在世俗社会上成为道德楷模、或在精神世界上蕴育出伟大创作，透过"立功、立德、立言"之途径来达到生命不朽的传奇。

无论是哪一种方式，最终目的无不希望超脱生死的界限，即使死后也有一个"生"的盼望。

活着念念不忘死亡

然而，一个人的存在意义是不是靠"永远活下去"才能证明呢？如果活着只是为了不死，这样的"活"堪比"死"有什么价值。

日本镰仓时代的无往一丹，他说"活着念念不忘死亡"。意思就如同孔子所言："不知生焉知死？"

在我们连怎么跟活人打交道、建立良好关系都不完全了解的时候，为什么要苦心地在祭祀鬼神方面操劳？在我们连做人的道理都不懂的时候，怎么还会想知道死后的事情？

与其为不知哪一天到来的死亡而忧心忡忡，不如好好地想一想眼前该做什么事，不要糟蹋了宝贵的时间。

有个故事说：一位原本在加州当牙医的人，

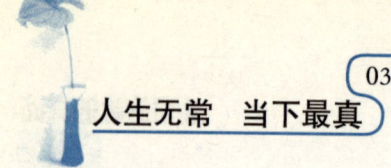

有一年发现自己得了多发性骨髓瘤,医生认为复元的机会很渺茫。

于是,他卖掉诊所回到佛蒙特州的故乡,买下一栋十九世纪农庄重新整修,在池塘里养了鱼,并且开垦了一个大菜园,也撒下许多树种,希望将来会有一片绿荫。

"我做了一个清楚而慎重的决定,"这位牙医转业的农夫缓缓说:"等我死了,我要为身边的一切带来生命。那些行为将可证明我的存在。"

虽然人终须一死,但真正令一个人"死"去的,不是死亡这件事,而是他是否活得有意义,有没有浪费生命。

把死亡当成生命的终点

德国哲学家尼采说:"一个人只要有一个理由让他活下去,就可以应对任何关于《怎么活》的问题。"

没错,怎么死不重要,怎么活得有尊严、有

价值和不朽才重要。作家海契（Edwin Hatch）在《不朽》一书中，写到：

> 对我来说，仅仅使得一个人，
> 因为我的缘故而变得更好；
> 那怕是只增添一朵花在大地的园圃上；
> 只为真理成功地出击过一次，
> 在这每日与谎言相抗的战斗中；
> 做过一件正义之事，
> 无惧于诽谤当前；
> 撒下真理的种籽，在人们的灵魂深处永不消逝；
> 在生命的链环中，曾扮演一个连结，那就是不朽。

把死亡当成生命的终点，不必恐惧、不用害怕，而是努力想现在该怎么"活"，如何让生命活得有意义，留下不朽的一页，才不至于白活一场。

人生无常　当下最真

观照生与死

虽然人终须一死，
但真正令一个人"死"去的，
不是死亡这件事，
而是他活得是否意义，
有没有浪费生命。
把死亡当成生命的终点，
不必恐惧、不用害怕，
而是努力想现在该怎么"活"，
如何让生命活得有意义，
留下不朽的一页。

活出生命的价值

> 充满了灵魂的青春,是不会那么轻易灭失的。
> ——卡洛萨

生命中最伟大的转折点,通常以最平淡无奇的形式发生,可能是一次邂逅,可能是一场病痛,可能是一段令人匪夷所思的巧合。

于是,命运从此扭转。

然而,这样的改变是好或坏,其实很难有个定论,就像"塞翁失马"的故事一样,焉知最后是福或祸。

作者米奇·艾尔邦在《最后的十四堂星期二的课》一书中,描述一位患有肌肉萎缩性脊髓的老教授,虽然生命即将结束,他却一点也不害怕,反而领悟一种新的人生观。

一位学生从学校毕业后,在社会上浮浮沉

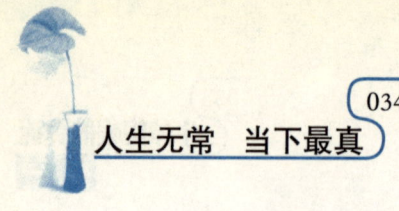

沉,渐渐迷失了自我,被利欲捆锁了心灵,生活日渐空虚。

在偶然的情况下,他遇见了大学的教授。因病魔缠身而剩下几个月生命的教授,借由介绍死亡来激励他的生活动力,不要被自己过去的挫折经历影响对未来的展望,而是去休整心态,打开心扉迎接更多来自社会的关怀。

好好经营生命,面对沮丧失望

死亡是另一个开始,生命的另一个开始。

然而,在老教授的心中,认为死亡并不可怕,因为当婴儿呱呱坠地的那天,就要开始面对死亡了。

可是,为什么我们会害怕死亡?或许我们总认为生命似乎不甚完美,在生命中不该留下遗憾!既然如此,我们更应该好好经营生命,克服沮丧失望和自暴自弃。

第五届全球热爱生命奖章得主的墨西哥女孩

罗萨和美国的东尼，他们用实际行动活出生命美丽的篇章，令人敬佩。

十六岁的罗萨，从小就罹患脑性麻痹，她从七岁起就开始帮助其他需要帮助者，目前她在墨西哥是"墨西哥儿童理事会"的创办人，得过墨西哥联邦勇敢力量与团队精神的金质奖，此次被选为第五届全球热爱生命奖章的"轮椅天使"奖。

另外，二十七岁的东尼，在美国出生时即失明，尽管他眼睛看不见，他并不放弃对生命的热爱，目前会演奏十四种乐器，在九一一后他协助举行音乐会，帮助死难者的家属，因而获得第五届全球热爱生命奖章的"冲破黑暗奖"。

还有在《最后的十四堂星期二的课》这本书中，一位死亡将近的老人，告诉我们什么是值得去珍惜、去经营的生命，而什么又是过眼云烟的欲望，让我们知道应该如何去生活，在经历过许许多多的挫折后，能领悟生命的价值与意义。

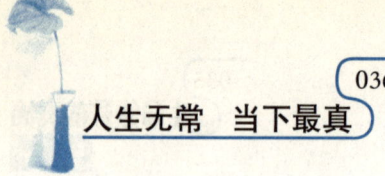

释放出生命的大爱，摈弃小我的拘泥。

诗人卢米说：自己曾有一名挚友山恩斯，他是一位流浪的智者。

据说山恩斯曾将卢米的著作丢入鱼塘里。

"现在，"山恩斯对卢米说："你得用你自己的智慧去走完这条路，活出你自己生命的真谛了。"

对每个人来说，有人活得很快乐，有人活得很痛苦，是苦或乐，操控权在于自己，交给上帝或别人来决定是推卸责任。

法国文学家蒙德朗说："人死了之后何以要哭呢？其实，应该为他在生时的生活方式哭泣才对。以死的模样活着，总不如死的好。"

那么，我们该如何面对生命呢？坦然面对生死，活出自己生命的价值，释放出生命的大爱，摈弃小我的拘泥，绽放生命的光彩。

与其执著怕死，不如好好活着。

观照生与死

为什么我们会害怕死亡？

因为我们总认为生命似乎不甚完美，

在生命中不该留下遗憾！

既然如此，我们更应该好好经营生命，

不该沮丧失望和自暴自弃。

与其执著怕死，不如好好活着。

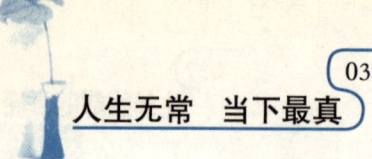

人生无常　当下最真

人生最宝贵的遗产

> 浪费生命是人间最大的悲剧。
>
> ——孟加

人怎么生活，怎么死去；怎么死去，怎么生活。

正因为人对死亡的看法，影响人对生命的态度，固能体认生命的价值，不虚此生。

一个人如果勇于面对死亡，观想生命的无常，就不会盲盲目目过日子，堕入绝望或痛苦的深渊里，反而会如梦初醒般，认认真真过生活，珍惜自己及周围的生命。

西藏圣者密勒日巴说："见空性，发悲心。"

接近死亡看似恐怖，其实会唤醒内心深处某种神秘的灵性，以及本自具足的慈悲心，从而对周围人与事物产生真挚的怜悯与爱意。

相反地，一个人若惧怕死亡，不愿面对死

亡，甚至刻意逃避死亡，那么人生观会变得短视近利，各种无明执著会纠缠耗费人的生命，使人的生活愚蠢盲目混乱。

人生总有大去之时，在大去的那一刻，我们所留下的是什么呢？是财富？是债务？是恶名？还是不朽的风范与价值？

精神永留，才是真正意义的长寿

在《人生的九个学分》这本书中，作者巴利·葛利夫在哈佛商学院担任全职的精神医生，看到很多人每日汲汲营营在追求名利中，结果反而得不到后人的尊敬与怀念，因此激发他写此书的念头。

如果我们能常常思考，"在我过世之后，有多少人会真正感到难过？"那么我们自然就会更明白如何珍惜每一天，也会更清楚生活中的优先顺序到底是什么？如此一来，我们才不致于随波逐流，错失了让人生圆满毕业的那些必修学分。

道德经说："死而不亡者寿。"

意思是说，精神永留，才是真正意义的长寿。或者过著醉生梦死，如同行尸走肉般的生活，活着又有什么意义？做人又什么价值？

因此，在生命将尽的这一天，我们要留给子孙什么不朽的遗产呢？有本书谈到八项宝贵的遗产：

第一是"爱"：对自己感到自由满足，并能与特定的人分享爱。

第二是"学习"：去探索、伸展和成长，以便适应新环境。

第三是"劳动"：在日常工作中创造意义与价值。

第四是"欢笑"：体验生命的喜悦和欢愉。

第五是"伤悲"：在遭遇不公或人生逆境而不得不委屈求全。

第六是"连结"：在编织锦绣生命的过程中与别人建立起一些持久关系。

第七是"生活":欣赏那些围绕着我们而进行的生命循环,以及我们自己围绕着进行的生命循环。

第八是"领道"和"舍弃":有冒险的欲望,也要学着处理经常遇到的失望和失落。

羞耻心与道德感都荡然无存

这些宝贵的遗产都存在每个人心中,只是在现今社会中不再受到关注与重视,当我们受到贪婪的诱惑与自私的蒙蔽,已经不懂得珍惜它们,反而嘲笑与漠视它,一再地追逐名利与做出泯灭人性的事来,完全丧失道德的良知,令人痛心。

就像有些人为了私利,可以不择手段做出伤天害理的事,甚至还振振有词,连一点点的羞耻心与道德感都荡然无存。

因此,在有生之年,我们可以把"爱、学习、劳动、欢笑、伤悲、连结、生活、领道和舍

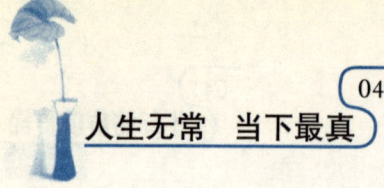

弃"的故事记录下来,为后代子孙提供生命、意义和活力的机会。

作家 M·Pork 说:"生命在闪光中见出灿烂,在平凡中见出真实。"

希望"死而无憾",就必须努力"生而无悔";若活得无明懵懂、醉生梦死,虽生犹死。

观照生与死

在生命将尽的这一天,我们要留给子孙什么不朽的遗产呢?

有本书谈到八项宝贵的遗产:

第一是"爱"。

第二是"学习"。

第三是"劳动"。

第四是"欢笑"。

第五是"伤悲"。

第六是"连结"。

第七是"生活"。

第八是"领道"和"舍弃"。

PART 2

甘愿付出,欢喜接受。生命不在乎贫穷富有、职位高低,就看能否选择全心投入,即使是再平凡的人物,都可能因为对生命的尊重和热爱,而变得高尚起来。

辑二 做生命的好管家

创造美丽的人生

> 我们的生命是上天赋予的，我们唯有献上生命，才能拥有生命。
>
> ——泰戈尔

生命是一个旅程，终究有走到终点的一天。

没错，死亡是人生的一个阶段，是自然循环的一部份，不管你是贵族也好，平民也罢，必定会经过的过程。

有生就有死，谁也占不了便宜。好比秦始皇和汉武帝一样，一心一意想求得长生不死药，到头来还不是剩下一堆白骨，终究逃不过一死。

即使现在快乐地活着，能够享受幸福的喜悦，但这只是给我们稍作休息的动力，无论拥有多庞大的财富和多崇高的权势，死神仍会来敲我们的大门。

如果让你赚到了全世界，却赔上了自己的生

命，你怎么看呢？关于这个问题，非常值得深思。

就像"人的生命能有多长"？也许有人会说："我只要活到六、七十岁就够了。"可是，谁敢保证自己有六、七十岁的寿命？

如果又问："你知道自己在世界上还有多少日子吗？有权让自己活得有尊严。"

大概也没人能回答吧！即使看起来身强体壮、无病无痛的人，说不定走得比谁都早。

生命随时会有终结的可能，有时更会早得突然，让人措手不及。不过，这就是人生，充满无常。

但凡有生命的，难勉会死亡。没有任何可避免死亡的方法，即使寿命很长的人，也无法永远活着。

不论有多大的喜悦，也许在下一瞬间很快就会消失。所谓船过水无痕，水面产生的波纹，终究溶入平坦的水面而无影无踪。

虽然人生无常，但我们有权让自己活得有尊严，创造美丽的人生，而不是哀声叹气或漫无目标地活着。

与癌共生的热爱生命奖章得主李女士，十年来因为乳癌扩散到全身，经历无数切除手术，化疗三十多次，电疗上百次。尽管癌细胞走遍全身，疼痛难忍的她，仍然义无反顾地担任志工，帮助癌症病人。

只有一次，父亲过世的消息，几乎一度将她打倒。但是，残破的身体却关不住她，即使全身疼痛，她却到处当志工帮助癌症病友。

她说自己得了快乐癌，因为癌症让她认识了助人的快乐和珍惜生命，不让癌症夺走生命的希望，而她也期望每个病友像她一样勇敢，难怪大家都叫她"抗癌菩萨"。

另外，从小罹患肌肉萎缩症，仍然奋发向上，还创办了热爱生命工作室的朱仲祥，因为肌肉萎缩合并心肌病变，送医不治。

生命无常，慧命常存

有爱，就有希望，是朱仲祥生前最爱挂在嘴

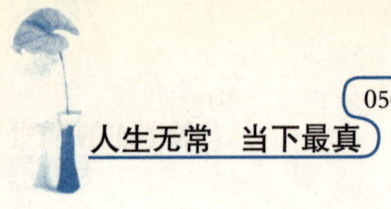

边的一句话。六岁就发病的他，对死亡早有心理准备。他的过世，为所有曾受他激励的人，留下深深的遗憾，同时也留下最好的典范。

生命无常，慧命常存。

人的生命本来就微不足道，一个人值得他人尊敬的地方，往往不是他活得多长，多有钱，多有权势，而是他生命的表现与活著的意义价值，好比说他的言行、功绩、成就、思想，以及他为大众所付出的一切等等。

美国哲学家梭罗说："生命本身没有意义，你必须赋予它意义；而其价值也透过你所选择的意义而彰显出来。"

能够坦然面对生死，才能坦然面对人生的考验。因为人生就像一个华丽的彩瓶，空虚而短暂，不必留恋不舍。

死，如果适得其所，远比无意义的活着来得有价值，而且会散发生命的光辉。

创造美丽的人生，就从好好活下去开始。

观照生与死

生命无常,慧命常存。

能够坦然面对生死,

才能坦然面对人生的考验。

因为人生就像一个华丽的彩瓶,

空虚而短暂,不必留恋不舍。

死,如果适得其所,

远比无意义的活着来得有价值,

而且会散发生命的光辉。

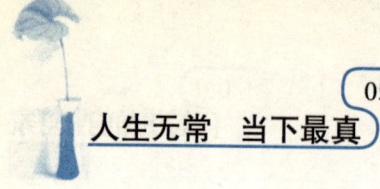

保持愉快的心情

> 我心已足!
>
> ——勃朗宁

人总是要经过剧变的事故之后,才会整个人脱胎换骨,体认生命的可贵与人生的真谛。

当然,在罹病时必然会心情沉重地与病魔搏斗,而在陷入苦境时一定无法轻松自在地面对,但是如果过度执著这些事情,不能放宽心胸,用豁达的态度看待的话,时时烦恼又有何用?

经历乳癌折磨,感受过死亡阴影,重回拍片现场的导演王小棣,对人生有另一番体验。

在拍片现场,看着外景蔡家大门的槭树,王小棣以为去年冬天树叶会掉光造成不连戏,赶紧抢拍了很多镜头,可是今年再度回来,树叶却繁茂如昔,只是空担心一场。

"人生也有季节的交替,看法可以更开阔,

对死亡不必太忐忑。"她说。

不过,能坦然面对死亡的人,毕竟少之又少。虽然在各个宗教的教义中,都有教导人们如何解除对死亡的恐惧。但是,即使人人都告诉你不可怕,实际上,对死亡的恐惧并未离我们而去。

感恩生存,也当感谢死亡

马祖大师年老生病时,院主来看他,问候说:"近来好吗?"

马祖大师回答:"日面佛,月面佛。"

那么,什么叫"日面佛,月面佛"呢?所谓"日面佛",是位具有八百岁寿命的菩萨;而"月面佛"只有一日一夜的寿命而已。

其实,马祖大师的意思是,不论是日面佛或月面佛,只要开悟便是佛,与他们活的岁数并没有多大关系。佛是超越生死的人,对于生死并不执著,生活过得十分自在快乐。

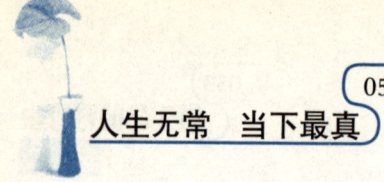

相较于院主所问的话，则对生死充满执著。这对年近八十高龄，已经大彻大悟，正面临生死关头的禅师，他竟问："你还好吗？"

面对这个问话，马祖大师以一句："日面佛，月面佛。"来答覆，其中含意就是："已经变成佛了，生与死都没有关系啦！"

没错，能生则必须求生，非死不可则当欢喜地接受；感恩生存，也当感谢死亡。

活着保持愉快，死亡从容面对

圣严法师一再强调说，生命与死亡是一体的两面，所以生存与死亡，都是无限时空中的必然现象。对此，他提出两点看法：

一、努力求生，生存时能使自己提升生命的品质，净化自己的心灵。但不可求死，也不用怕死，对死亡要存有感谢的心，因为死亡能使自己放下此生千万种的责任，带着一生的功德，迎向一个充满着希望和光明的生命旅程。

二、生死的现象,犹如日出与日没。日没时,只是太阳在地平线上消失,而其本身永远不会消失;日出时,只是太阳在地平线上升起,而其本身永远高悬于太虚空中。人的肉体虽然有生与死的现象,然而,人本具之清净佛性,永远如日中天。因此,死亡不是可怕、可悲的,不必畏惧它;而我们的未来,却是充满着希望。

生存并不麻烦可怜,死亡也不需悲哀凄苦,要视我们对生存及死亡的态度而定。

就像马祖大师即使已经开悟成佛,但生活上并没有特别的方式,只是在活着的时候尽量保持愉快,到了死亡临到的时候便从容面对,这正是了脱生死的最大福报,既无迷惘,也无痛苦。

生生死死,死死生生,就是欢喜与自在。

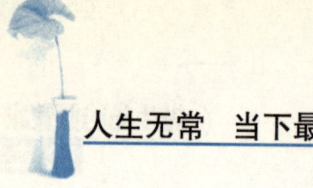

观照生与死

能生则必须求生,
非死不可则当欢喜地接受;
感恩生存,
也当感谢死亡。
生存并不麻烦可怜,
死亡也不需悲哀凄苦,
要视我们对生存及死亡的态度而定。

正视自己的生活

> 一个不能了解自己的人,就更别妄想了解别人。
>
> ——雨果

死后究竟有没有生命?有没有灵魂的存在?

生与死的迷思,是人类不停在探寻的问题,以及不断寻求长生不死的秘方,企图永远不死。

美国曾做过一项盖洛普民意测验,调查结果显示几乎有四分之一的美国人相信轮回。不过,轮回是什么东西?如果真有所谓的前世,为什么对前世却没有印象呢?

有一些灵魂转世的学说认为,每个部分的灵魂将再回到宇宙性的灵体中,以致失去其个别性。而仍保留其身体的灵魂,将以其原来模样继续再生。

同样地,有的灵魂研究者则认为,当灵魂再

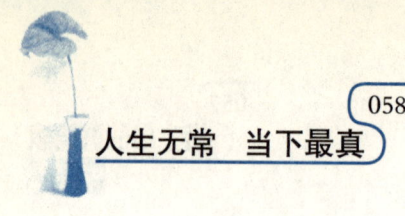

度转世为人之前的中间时期,将会与其他灵魂在一起。换句说说,在上一世与下一世之间,灵魂将会各自存在于适合的地方,找到属于它停留的归宿。

清清楚楚地知道自己在做什么

其实,古今中外都有许多例子证明轮回转世的存在,英国灵魂学权威菲尔丁·荷尔的有名著作《人的灵魂》,在书中他写到几个他在缅甸调查的实例,有一个七岁的女孩子,说她前世是一个男子,开设过傀儡戏院,并结过四次婚,他的第三个太太性情非常暴躁,曾用刀子刺伤他的背膀。而果真她的背膀上还留有一个疤痕。最有意思的是她虽然只有七岁,并没有人教过她,但她竟可以巧妙地操纵一个傀儡,并能唱出有关傀儡的戏词。

另外有一些例子,有些小孩子没有经过指点和教授,就可以说出流利的外国话。在一九一四

年，挪威有个名叫艾斯特·克努凯的教师讲过一件事，他居住在霍夫，太太生了三胞胎都是女孩子，在她们两岁到四岁的时候，三姐妹互相讲著一种人们所听不懂的言语。每当她们一起谈话的时候，她们的父亲便倾听著，但是听不出她们所说的是那一国语言。不过，他假定那是芬兰语，可是在四岁的时候，便停止了讲这种语言。

由此可知，虽然大多数人无法得知自己的前世，但并不能因此否定前世的存在。就像在浩瀚的宇宙中，有许许多多不可胜数的事实，直到今天仍无法用科学获得证明，但科学家也不敢因此否定它的存在。

其实，无论死后有没有生命或灵魂，这些都不重要，重要的是在世的时候，我们能不能清清楚楚地知道自己在做什么、在想什么，正视自己的生活，宝贵自己的生命。

信赖你自己，用心体会生命的真谛，你就会知道如何去生活。

有个故事：广场来了一位智者，在广场的集会上，所有讨论的话题，都是关于人生方向的定义。

有人疑惑地问："真的有神的存在吗？"

智者平淡地表示："有没有神存在并不重要，重要的是你觉得自己有没有存在过。"

接着，有人这么问："一直以来，我的生活很空洞单调，我真的不知道怎么追求不朽的生命？"

智者这么回答："难道各位到现在还没有醒悟吗？那些追求生命意义的人，都是不知道如何度过此生的人。"

另一个声音又响起："那么，究竟死后有没有生命？"

智者爽朗的说："在死前有没有生命，才是真正的问题所在呢。"

一群人交头接耳的说著，感到无可消解的疑惑。

智者总结以上问题，归纳说着："人看世间不是黑白就是彩色，没有其他的，人看别人只有好人与坏人，没有其他的，要想透彻世间的奥秘，必须看到原始的其他部分，而不是只看到已被分类过的部分。"

德国作家歌德说："信赖你自己，然后你就会知道如何去生活。"

生命的真谛就是如此，别管前世来自何方，别管死后归向何处，而是好好活在今生，切莫糟踏了生命。

人生无常 当下最真

观照生与死

无论死后有没有生命或灵魂,
这些都不重要,
重要的是在世的时候,
我们能不能清清楚楚地知道自己在做什么、在想什么,
正视自己的生活,
宝贵自己的生命。

做生命的好管家

> 了解生命真谛的人，可以使短促的生命延长。
>
> ——西塞罗

如果说世上充满着不公平，那么唯一最平等的事，就是"死亡"。不论贫富差距、身份高低或是权势地位，终究免不了一死。

既然生与死，每人都有这么一个关口，可是在迷的人不知道生也不知道死，但觉悟了的人就知道生、死的重要。

一位哲学家坐渡船到对岸，途中随口问船夫说："你读过哲学的书吗？"

船夫回答："没有。"

哲学家摇摇头说："那你的人生失去光彩，你的人生了无意义。"

船夫沉默不语。

过了一阵,船夫笑笑问哲学家:"你会不会游泳?"

哲学家回答:"我不会,你干嘛问这个问题?"

船夫叹口气说:"那你已经没有人生了,因为船漏水了,马上要沉了。"

看完这个故事,你认为哲学家还是船夫,比较懂得生命的真谛,是生命的好管家呢?

从事有意义的工作

生命不在乎贫穷富有、职位高低,就看能否选择全心投入,即使是再平凡的人物,都可能因为对生命的尊重和热爱,而变得高尚起来。

在《浩劫重生》这部电影中,男主角查克是联邦快递的系统工程师,个性急躁的他,不论是私生活或工作都讲求精准效率,加上有绝对的控制欲,所以他的起居生活和工作行程随时随地都在他的掌握之中。

虽然他的事业成功，但是情感却是另一回事。由于他是个超级工作狂，很少有时间陪伴女友，因此两人的关系出现危机。

在一次出差的旅程中，查克搭的小飞机失事，他被困在一座资源贫瘠的无人荒岛，当他失去现代生活的便利以及人与人之间的互动，生活唯一的目的就是求生。

随着时间的流逝，他的人生观反而逐渐有所转变，当他发现生活的压力顿时消失，便开始反思人生的目的，最后对于工作、感情，甚至生命本身都有全新的体会和领悟。

那么，如何才能让生命活得有意义呢？

从具体的层面来说，生活离不开工作。所以，要活得有意义，必须从事有意义的工作，也就是属于付出与合乎灵性要求的工作。

付出，就是做有益于人类、国家社会的事；合乎灵性，就是追求完美和生活在真实中。

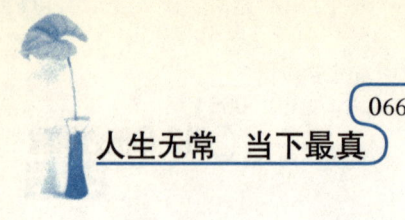

甘愿付出，欢喜接受

一切的执著与贪求只是多余的，"一切有为法，如梦幻泡影，如露亦如电，应做如是观！"

生死一瞬间，谁也无法预料下一秒会发生何事？所以，我们不必等到生活完美无瑕，也不要等到一切都平稳，才想要去做或愿意去做，只怕到时候心有余而力不足了。

因此，想做什么，现在就可以开始做起，不要找借口，更不要拖延，因为生命不等人。

慈济人的名言说："甘愿做，欢喜受。"

尽心尽力地投入工作，不辞辛苦做着所从事的工作，不但毫无怨尤，还做得满心欢喜，要觉得自己所做的工作是有意义的。

作家摩尔说："生命是一个短促的日子，但那是一个工作的日子。"

当一个人能全心一意地为他人或自己灵性而工作时，就不会感到老之将至，不会觉得人生空虚，就能做生命的好管家，快快乐乐过一生。

观照生与死

生命不在乎贫穷富有、职位高低,
就看能否选择全心投入,
即使是再平凡的人物,
都可能因为对生命的尊重和热爱,
而变得高尚起来。
慈济人的名言说:"甘愿做,欢喜受。"
想做什么,现在就可以开始做起,
不要找借口,更不要拖延,
因为生命不等人。

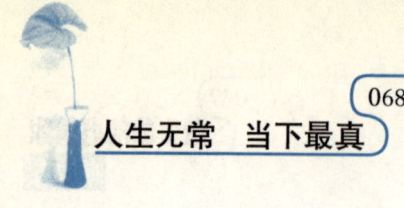

尊重生命的可贵

> 求生的人必死，求死的人必生。
> ——上杉谦信

也许有人会问：生从何处来？死往何处去？

关于这个问题，许多人从哲学上和宗教的信仰上，来建立生与死的理论和观念，企图解开生与死的答案，免除人们对于"死"的恐惧和摆脱"死"的结局。

有一天，子桑戶、孟子反、子琴张三个人聚在一块，互相交谈。他们觉得人生在世，要体会"无"的终极之理，达到无为无形的境界。比方说，人们互相交往应该自然而然，没有一点心机私念掺杂其中；人们互相帮助也应出于真情实意，不著一点痕迹，没有半点勉强。

从而，人自精神上应该腾云驾雾，周游于无极的太空之中。连生命都忘怀了，焉知"死亡"？

无知无识无感,又何能"死亡"?

不过,想达到如此忘我的境界,却不是一般凡夫俗子所能做到,大部分人在活着时,仍会陷于一种焦虑、恐惧、无望的状态中,这使得人的"死亡"在人的"生活"上抹了一层悲剧色彩,忌讳谈论生死话题。

人的生死,让它自然即可

法国思想家蒙田说:"我们因担忧死而乱了生,因担忧生而弄乱了死。"

不是吗?既然生与死息息相关,谁也无法避免一死,又何必假装它的不存在,不敢正视生死大事呢?

其实,每个人都要体认从有生命的那一天开始,就要有面对死亡的心理准备。要知道死亡的人,可能是自己,也可能是亲友,这样的事随时会发生,更不是老人和病人的专利。

圣严法师说过一个故事:"一位深信命理的在家弟子,曾请多位的相命师为他算命,都说他

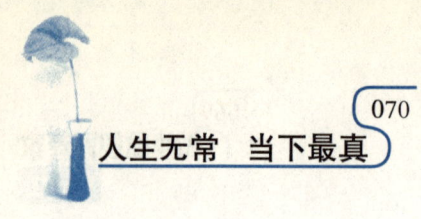

只能活到六十九岁,到了那一年,他把工作辞去、财产分掉,等待死亡的来临。"

可是,到了第二年仍然活得好好的,于是很后悔的来问我说:"师父啊!我应该要死怎么没死呢?您知道什么原因吗?"

我说:"也许你作好事积了德,改变了死亡的时间。"然后又劝他说:"不要怕死、等死,活一天,就尽一天的责任及奉献,不去管什么时候会死,只要运用你宝贵的生命存留的时间好好活下去。"结果他一直活到八十六岁才去世。

不管是"生死由命"或"听天由命",其实生死是由命决定的,就算我们想死未必死得了,而不想死也难逃一死。

老子说:"出生入死",出生一定会入死;又说:"人之生,动之死地。"

意思是说,当人出生的时候,死亡这条路已经开始在动了。因此,老子叫我们不必担心生与死的问题,只要"尊道而贵德"、"夫莫之命而常自然",也就是只要有道德,至于人的生死,让它自然即可。

珍惜生命、尊重生命的可贵

圣严法师认为生是权利,死也是权利;生是责任,死也是责任。活著的时候,接受它、运用它;结束的时候,接受它、面对它。

同时,圣严法师常常对癌症末期的病人说:"不要等死、怕死,多活一天、一分、一秒都是好的,珍惜活着的生命。"

因为生存和死亡,都是无限时间之中的必然现象;不应该死的时候不应求死,必须要你死的时候,贪生也没有用。

所以,我们应该珍惜生命、尊重生命的可贵,运用生命存留的时间使自己成长,尽心尽力奉献帮助他人。

至于,什么时候会死亡,其实不必知道,也不用猜测,反正只要体认早晚它会来临,就不用烦恼死亡何时发生了。

观照生与死

生存和死亡,
都是无限时间之中的必然现象;
不应该死的时候不应求死,
必须要你死的时候,
贪生也没有用。
我们应该珍惜生命、尊重生命的可贵,
运用生命存留的时间使自己成长,
尽心尽力奉献帮助他人。

诸恶莫作,众善奉行

> 死亡是生命的导师。
>
> ——佛洛伊德

人生是苦,从生至死唯一"苦"字。

的确,人活在世上会遭遇许多的痛苦、折磨,这些无名的烦恼和沉重的压力,经常让人感叹生不如死。

可是,怎么知道人生是苦?从佛教的观点来说,可分为几大类:

一、生苦,婴儿在母亲肚里实在是苦事情,称为胎狱之苦,出来以后又是另一个世界,对这个世界的一切觉得不适应,感觉很苦。

二、老苦,老的时候行动一切都不顺,做什么事情都无法称心如意。

三、病苦,"生"了以后每个人都会生病,病有病的苦。

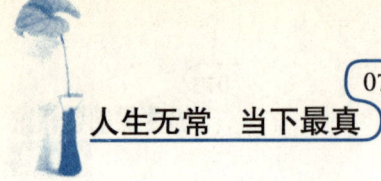

四、死苦,人快死的时候,四大分散自己做不了主。到最后如果一生作了很多恶业,会看到地狱、畜生、饿鬼种种恐怖的境界,这些都是苦。

五、求不得苦,人生在世求不得的苦很多,例如学业、事业、感情、钱财等,心愿始终没完没了,这就是求不得苦。

六、怨憎会苦,不该看到的人,偏偏要看,彼此看了很不自在,所以怨憎会苦。

七、五阴炽盛苦

我们身体色、受、想、行、识,这是属于五阴境界。一个人不管多大岁数,都要受这个色、受、想、行、识的影响。五阴炽盛,就像一把火在心当中烧,使其身心不能平静,不能安定。

八、爱别离苦,每个人都有种种执著,有种种情爱,父母有父母之情,儿女有儿女之情,同学有同学之情,朋友有朋友之情,人不能始终在一起。

这八苦，就是自己的烦恼，一个是因的烦恼，一个是果中的烦恼。我们起心动念就是因，果报现前了，逃也逃不了。

从这一生的"因"上去努力

因此，我们一个人一开始入世就是"生"，这一生不论做什么事业，到最后终归要"死"，死是苦，生也是苦，所以从开始一直到最后，人生都是一个"苦"字。

我们每个人念念都是在生死当中，所以就有生、老、病、死、苦。明白这些道理，就知道生在那里？死在那里？

然而，人生的生病、离婚、失业、破产，甚至灾难等问题，并非他人无端加在我们身上，完全是自己过去所种下的因，不必哀怜，不必自叹，更不要怨众。

过去的因既已成事实，无法改变，但是我们

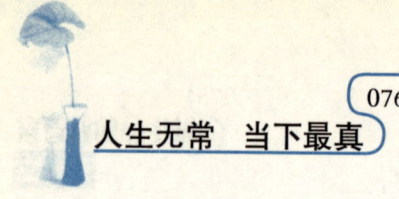

可以从缘来下手。什么是缘？就是这一生的一切努力。

佛家说："欲知过去因，现在受者是；欲知未来果，现在作者是。"

命运绝对是可以改变的，明朝袁了凡正是成功改造自我命运的最佳实例。常言道："命运掌握在自己手中。"可是，如何掌握命运？就从这一生的"因"上去努力。

善有善报，恶有恶报

种善因，得善果；种不善因，得不善果。

佛家说前因后果，正是教导我们要好好惜福，努力行善，善有善报，恶有恶报，不是不报，时候未到。

所以，平日在待人接物、做人处事上，必须忏悔过去的报业，然后做到只起善念，不起恶念："已生恶念令断除，未生恶念令不生；已生善念令增长，未生善念令速生。"

另外,更要经常自我反省检讨,慈悲地对待周遭的人、事、物。如此一来,这一生的福德智慧就会增长。

"诸恶莫作,众善奉行,自净其志意。"这就是认识生命的真谛,也是超脱生死的不二法门。

人生无常　当下最真

观照生与死

　　人生的生病、离婚、失业、破产，甚至灾难等问题，
　　并非他人无端加在我们身上，
　　完全和自己过去所种下的因有关，
　　不必哀怜，不必自叹，更不要怨众。
　　过去的种种既已成事实，无法改变，
　　但是我们可以选择从缘来下手。
　　什么是缘？就是这一生的一切努力。

活著最好,有爱不老

> 大家都想长生,但是却不愿意上年纪。
>
> ——富兰克林

人老了,就没用了吗?人老了,就得等死不可吗?

其实不然,"老"的定义不代表是"死",除非自己未"死"先"老",否则还是可以老当益壮,享受快乐的幸福人生。

有一则故事,值得省思:

年过七旬的阿凡提,有一天,不服老的他,打算把院子里的一块大石头搬动一下,这一搬坏了他的事,腰也扭了,气也不顺了。

从此,他卧床不起。

许多亲朋好友前来探望他。他对安慰他的人说:"请你们别难过,我身体和年轻时一样,力气一点没减少。"

"何以见得呢?"人们问。

"我们家院子里的那块大石头,我年轻时搬过它,怎么搬也没搬动,几天前我试了试,仍然没搬动,你们看我的力气不是和年轻时一样大吗?"阿凡提说。

一颗进取学习的心

可不是吗?老了未必没有用,也未必什么事都不能做,只要有一颗进取学习的心,年纪都不是问题。

一位九十五岁自补校毕业的老先生,获得学校颁发的终身学习奖,表彰他风雨无阻完成学业,这种坚毅的向学精神,令人佩服。表示还要继续进修的老先生,不愧是"活到老、学到老"的最佳典范。

另外,来自新加坡的一百零四岁的许阿嬷,获选为第五届全球生命奖章得主,她特别到台北市广慈博爱院,用旺盛的生命力鼓励大家:"活

着最好,有爱不老",并表演瑜珈术为老人加油。

虽然年届一百零四岁的高龄,但身体依然硬朗的许阿嬷,整个人充满活力与朝气,她认为自己并不老,甚至不输给年轻人,因为到现在她阅读书报仍不用戴眼镜。

许阿嬷热爱生命的故事令人感动,二十八岁才念小学,四十五岁到英国学护理,八十几岁开始学瑜珈,并在新加坡创办了八所老人院,她时时鼓励大家说:"活着最好,有爱不老。"

在广慈博爱院有位高龄九十五岁的王老先生,也是一位活得很有光采的老人,每次摇起呼拉圈可到忘我境界,摇的次数大家都难数得清。

不要闲著没事做

老了就一无是处吗?不,只要懂得安排生活和不断学习,即使年老了,一样可以生活得有意义,愈活愈有趣。可是,最糟糕的是倚老卖老,

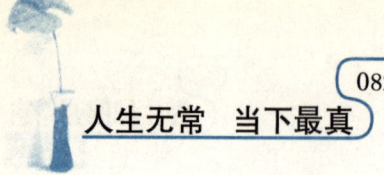

每天闲着没事做，只是哀声叹气。

甘迺迪总统在一九六一年时说："在将来的某一天，我们每一个人都要站上法庭接受审判，这时，我们的成功或失败，便取决于这四个问题的答案；过去的我们，是不是真的勇敢？是不是真的正直？是不是真的拥有判断力？是不是真的全心奉献过？"

没错，我们无法决定生命的长短，但可以决定内容是否丰富。更何况生命的本身是一曲美妙动人的乐章，往往需要经历不断的挑战与淬厉后，才能见证生命的真谛。

《西藏生死书》中说："我们大多数人都希望死得安详，如果我们希望活得好，就必须学习如何活得好。"

用心生活，用心学习，努力付出，奉献爱心，就是不要闲着没事做，不然会未老先衰，因为"活着最好，有爱不老"。

观照生与死

我们无法决定生命的长短,
但可以决定内容是否丰富。
更何况生命的本身是一曲美妙动人的乐章,
往往需要经历不断的挑战与淬厉后,
才能见证生命的真谛。
用心生活,用心学习,
努力付出,奉献爱心,
就是不要闲着没事做,
不然会未老先衰。

活出生命的尊严

> 我才不怕死呐!
>
> ——达尔文

生是什么?死又是什么?生与死之间,到底有何关联,又该用什么心态看待生死问题。

当然,可能有许多人跟我有同样的疑问,而不同的人,也会有不同的看法、想法及立场。

有一天,子祀、子舆、子犁、子来聚在一起聊天,研究生死之理。他们觉得"生"与"死"表面看来截然不同,但实际上则为一体。

为什么呢?试想一下,人在出"生"以前,是什么状态?一直追溯到底不就是"无"吗?而人"死"后是什么呢?一直寻觅到终不也是"无"吗?

所以,从"生"到"死"不就是从无到无吗?可见,"生"与"死"密不可分,两者本为一。

探讨至此，他们指出：人应该把"无"当作头，把"生"当作"脊梁"，把"死"当作"尸骨"，深刻地体会生死存亡为一体的道理。

正因为四个人达到这种对生与死的共识，心心相印，无半点抵触之处，于是结成了莫逆之交。

生与死是必然的过程

也许说"生"谈"死"，似乎太沉重了点，而明白了死生存亡为一体的道理又如何？更为重要的是，能不能从此摆脱对死的恐惧，活出生与死的尊严。

圣严法师认为，如果知道生与死是必然的过程，那么生命的本身就是尊严。因为生存和死亡，是没有办法分割的；出生时就已确定了死亡的必然来临。因此，生存并不麻烦可怜，死亡也不需要觉得悲哀凄苦；而是要看我们对生存及死亡的态度而定。

就像有人遇到挫折就轻言放弃生命，却也有人即使重残还是热爱人生。荣获全球热爱生命奖章的得主，他们有老有小，大多数得主都失去了健康，不过都有一颗同样快乐的心。

虽然只是一个简单的敬礼动作，却是颤抖双手的祈先生，花了十七年辛苦复建才做到的姿势。因军事演习瘫痪的祈先生，不讳言一开始连蚊子都挥不走，令他十分沮丧，但终于在母亲鼓励下，决定掌握自己生命的亮度，成为医院义工。

全球热爱生命奖章的得主，每个人都有令人感动的故事。轮椅博士留学生罗小姐全身瘫痪，这次特别从日本回来，还买了双新鞋，现在的她克服了心理障碍，即便是舞会也愿意下场一试。

还有年仅八岁的陈小弟，罹患癌症历经五次化疗，依然活泼乐观。他的父亲说，抗癌家庭没

有悲观的权利。

热爱生命得主和家属齐聚一堂,虽然偶有眼泪,笑容却经常挂在脸上。他们将展开台湾走透透关怀之旅,为和生命搏斗的人打气。

生命的价值由自己负起责任

人的生命,是生与死的一个阶段和一个过程。生命的尊严,不在于活多长,而在于活得有价值。

圣严法师谈到生命的价值,并不是由客观的他人来评估判断、来确立认定,而是自己负起责任,来完成这一生中必须要完成的责任,同时尽量运用其有限的生命,作最伟大的奉献。

每个人在世界上,都扮演著许多不同的角色,像父母、夫妻、儿女、老师、学生等。因此,我们要尽心尽力的实行自己的责任义务,付出爱心充实自己,作不求回报的奉献。只是想如何的对他人有益,用物质的、精神的看得见,看不见的种种能力,来祝福一个人、二个人,乃至于许许多多的人,这就是生命的价值。

　　没错,生命的尊严是从活得有意义、有价值和有目标中来体现和显明。如果生存、生活得没有尊严,那死亡有什么好可惜的?生命又有什么可喜的?相反的,如果死得很有尊严,那死亡又有什么好悲哀的呢?

　　生死无惧,存乎一心。

观照生与死

生命的尊严是从活得有意义、
有价值和有目标中来体现和显明。
如果生命存活得没有尊严，
那死亡有什么好可惜的？
生存又有什么可喜的？
相反的，如果死得很有尊严，
那死亡又有什么好悲哀的呢？

PART 3

当死亡来到时,若能自主自知,以喜悦的心勇敢地面对死亡、接受死亡,对于自己一生的行为,不论是善、是恶都心存感谢,无怨、无悔、无嗔、无傲。

辑三 从容自在生与死

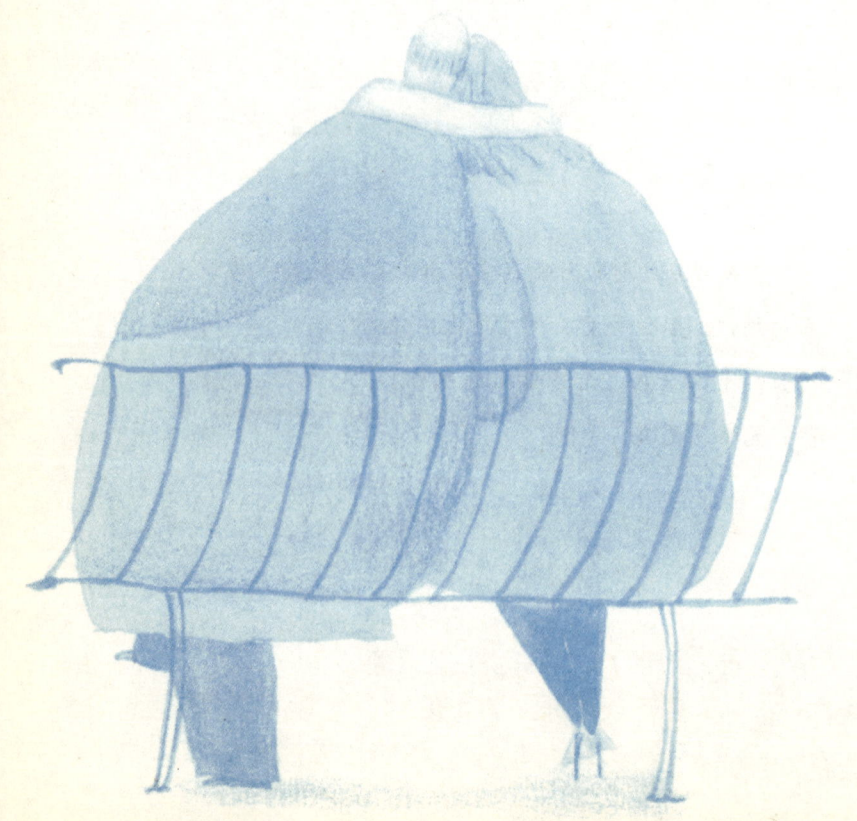

平常心坦然面对

> 唯有经常觉悟死的人,才是真正自由的人。
> ——狄奥盖纳斯

瑞典谚语说:"我们都老得太快,却聪明得太迟。"

年纪愈大,相信对这句话愈有感触。随着岁月的流逝,总会发现遗憾的事一再发生,而事后再追悔"早知道如何如何"又能怎样,毕竟事实已成无法挽回。

不管我们愿不愿意,生命一直都在朝着死亡的路途前进,只是无人知晓哪一天会轮到自己。等到即将撒手人寰的那一刻,蓦然回顾自己的一生,除了百感交集之外,还会留下什么遗言呢?

用豁然的态度看待生命

乐圣贝多芬在逝世前,被耳聋的痛苦整整折

人生无常　当下最真

磨了二十余年。这位伟大的音乐家,生前给人类创造了那么多不朽的音乐,而他临终前只留下这一样一句令人伤感的遗言:"我将在天堂里听到一切。"

英国著名诗人济慈,当他意识到自己的死亡即将来临时,把最后的思想表达在他的诗中:"我感到我的上面长满了野菊花。"

另一位英国诗人拜伦,厌倦了生活、厌倦了战争的他,并且因发高烧及长久未进食而消瘦无力,他轻声说著:"现在我想睡了。"说完,他安详地闭上了眼睛。

乔治·华盛顿一生办事雷厉风行、井然有序,直到生命的最后一刻,他还保持著这种作风,临终前他非常从容冷静地对秘书吩咐说:"我就要离去了,把我好好安葬,但要等我死后两天再把我的遗体放入墓穴,你听清楚了吗?"

法国国王路易十四活到八十高龄,这位显赫一世的君主,到了生命最后一刻还显得精神饱

满,他看到大家都围在他身边哭泣,大声地说:"为什么要哭,嗯?你们以为我是长生不死的吗?我原以为死亡要比这难受得多呢。"

美国总统威尔逊过世的时候,表情显得很安详,面对死亡,他坦然地说:"我已经准备就绪。"

美国杰出的医学家乔治·米勒,临死之前还不忘当一名医生的职责,他辞别人世的最后的一句话是:"我真想记录下一个垂死的人的思维和感受,以便后人研究,但这是办不到的。"

法国著名戏剧家拉伯雷临死时,颤动着嘴唇轻轻地说:"拉下帷幕吧,喜剧已经结束了。"

名人的临终遗言是不是与众不同?不是,其实他们也知道死亡的来临,也想交代一些未完的事情。但名人确实不同于一般人,因为他们到生命终结时仍然想的是自己的事业,或者是从容而去。

当然,不是他们比一般人不怕死,而是他们

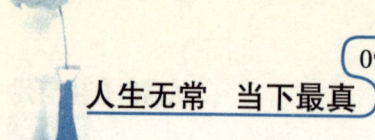

早已超脱生死的界线，懂得用豁然的态度看待生命，自然能心平气合。

万物带不去，唯有业随身

德国文学家歌德说："高高兴兴地去吧！而能以去了为乐的人是幸福的。"

当然，面对生离死别之时，心中总免不了一阵的纠缠与难以割舍的情感。也许我们不清楚死亡会不会是引领进入下一次生命的关卡，但生死就如同花的开落、四季的更替一样，是如此的平常和自然。

因此，对于死亡实在不必忌讳，也不需要刻意抗拒、排斥或恐惧，一切以平常心坦然面对。

更何况仔细想想，现在身边拥有的东西，有什么是可以带得走的呢？这些东西生不带来，死不带去，什么才是真正属于自己的呢？

佛教说："万物带不去，唯有业随身。"

辑 三

生死之事强求不来，一切随缘自在即可。让自己学会如何"放下"，将可以用另一种乐观的角度去看待一切无常，自然也更能以豁达、坦然的态度来面对死亡，无入而不自得。

观照生与死

佛教说:"万物带不去,唯有业随身。"
生死之事强求不来,
一切随缘自在即可。
对于死亡实在不必忌讳,
也不需要刻意抗拒、排斥或恐惧,
一切以平常心坦然面对。

给自己预留遗言

> 一般只知求生,却不知还有比生更重要的事。
>
> ——林肯

你怕死吗?你不怕死吗?不管你怕或不怕,人终究逃不过一死,只是不知道何时会死亡,所以难免心有恐惧,担心该做的事还没做完,该实现的抱负还没完成。

在生与死的天人永隔之下,因为有太多放不下的牵挂,因为有太多不舍的眷恋,因为有太多太多的贪欲嗔癫,不甘心就这样"死"了,所以留下无限的遗憾。

于是,死了也不瞑目,死了还不肯罢休。但是,如果世上有一种仪器,可以预测出病患死亡的时间,你想不想知道呢?

好好去做想做的事、未完成的事

有次,看到一则新闻报道说,台湾有这么一台仪器,可以测量出人体里有一种讯号,在生命力转弱时,讯号也会跟着转弱,等到讯号消失,病人一定会在三天内死亡,医学界称这种讯号叫做死亡讯号。

每个人在出生时,都会带着一种死亡讯号,在生病、车祸或是中毒时,这个讯号就会渐渐减弱,甚至消失。

曾经在鬼门关前绕一回又复活的陈太太说,在弥留时的确曾感受到类似的死亡讯号。也就是说,陈太太死而复活时,原本已经消失的死亡讯号,可能又重新出现了。

如果死亡讯号能预知死亡,而提早知道自己的死期,听起来是不是很恐怖呢?

其实不然,我觉得反而会让一个人更安心,可以义无反顾地把握剩余的时间,好好去做想做的事、未完成的事、值得做的事,让心中没有遗

憾，不必空留余恨。

好比说很多人不习惯对自己亲爱的人表达心里的话，但却在灾难发生时，走得匆促而留下遗憾。

为了鼓励民众，及时对心爱的人表白，有个基金会举办了预留遗言的活动，然后从参加人员中选出六个最感人的遗言，录成CD作为安宁疗护的宣道。

很多参赛者的家属听到亲友录下的感言，无不感动得痛哭流涕，也有夫妻听到另一半的告白后，彼此更加恩爱，更珍惜在一起生活的每一刻。

手牵手一起散步，是有对夫妻俩最爱做的事，如果有一天，散步没人陪了，必须面对生离死别的人生课题，他们彼此都有好多话要跟对方说。

一段两人事先录好的生前遗言，里面有好多的牵挂跟不舍，但至少来得及让最爱的彼此听

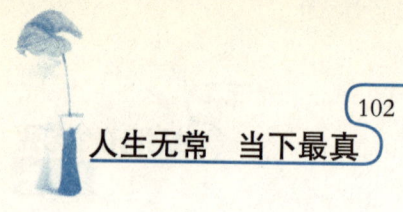

到,不会留下遗憾在还来得及的时候,把想说的话让对方知道,至少在意外发生的这一刻,可以减少一些遗憾。

用行动去做,而不是光想

人不是这样吗?因为不知道自己何时会死亡,结果一直拖延想做的事,不敢表白心中的爱,等到哪一天突然发生意外了,面对一大堆未完成的事,无不欷嘘感慨,空留满腹的遗憾。

死亡并不可怕?可怕的是我们一天浪费一天,想做的事一天拖过一天,想表白的话一天犹豫一天,每天周而复始地任由心中的遗憾发生,却不想办法去弥补,如同行尸走肉一般。

希腊哲学家苏格拉底说:"在死亡的面前,我们要思量的不是生命的空虚,而是它的重要性。"

所以,与其害怕死亡或担心哪一天突然死去,不如趁现在就给自己预留遗言,想做的事就

去做,想表白的就大声说出来,用实际行动来好好把握现在,珍惜在一起的每分每秒。

把握美好的人生,用行动去做,而不是光想。

人生无常　当下最真

观照生与死

　　与其害怕死亡或担心哪一天突然死去，
　　不如趁现在就给自己预留遗言，
　　想做的事就去做，
　　想表白的就大声说出来，
　　用实际行动来好好把握现在，
　　珍惜在一起的每分每秒。

从容自在生与死

> 也许我们害怕死亡的最大理由,是因为不知道我们到底是谁。
>
> ——西藏生死书

你害怕死亡吗?无论是面对自己或亲友的死亡。死亡的可怕,其实不在于死亡的本身,而在于它的未知。

为什么会有这种疑虑?因为在一般人的认知中,看到即将死亡的人,在痛苦地急促呼吸的样子,好像很难过,不见安详的神情。

其实不然,根据医学研究发现,濒死的人并不像周围人所见到的那么痛苦。在临死前脑中会释放出一种快感物叫"内源性吗啡",使人如同在梦境般的迎向那个世界,这称为"跑者快感"现象。

这样的现象会发生在马拉松赛的跑者身上,

就是在喘不过气来时，突然涌上了一种快感，产生使人恍惚的感觉。临死的人，看似痛苦的以下颚呼吸，其实这是要分泌"内源性吗啡"的前续作业。

因此，即将迈向死亡的人实际上是很舒服的，并非我们想像中的痛苦或难过。

我会死，我总有一天会死

也许死亡的一瞬间并不可怕，可怕的是面对生命慢慢地流失，这种感觉才令人心悸。

可是，在这个遗忘死亡的社会，人们对死亡的过程与处理避之唯恐不及，死亡也就变得愈来愈非人性化与机械化。

著名的死亡学专家库布乐·罗斯说："今天的死亡过程在许多方面都变得更为可怕而令人厌恶，也就是说更为孤单、机械化以及非人化。死亡过程变得孤离而又无人情味，乃是由于绝症患者被迫从自己熟悉的环境运出，而匆匆忙忙送到

急诊所的缘故。"

一个在死亡上逃避自己的人,愈是逃避,对生命的执著就愈深,愈不能从容自在地活着。

日本的一休禅师曾经在正月杵着镶有骷髅头的枴杖,在家四周踱步。每当过年时,看到门上所挂的门松,就知道自己又往冥途跨出了一步,虽然正值快乐的新春时节,但心情却是复杂的。一休禅师作了一首这样的诗,就是要大家将死亡这件事放在心中的一个角落。在内心黑暗的角落里摆著一个盒子,盒子里有个声音说:"我会死,我总有一天会死。"

然后,记得时时接近那个角落,聆听那个声音,它将提醒我们清楚认真地活着,安详无惧。

以喜悦的心勇敢地面对

圣严法师表示以禅修者的立场来看,死亡可以分三个层次或三个态度来看待:

随业生死——生和死,自己作不了主,迷迷糊糊由他生,由他死;生死茫然,醉生梦死。

自主生死——清楚地知道生与死,活要好好的活,死要勇敢的死;活得快乐 死得干脆。

超越生死——虽然有生有死,对于已经解脱、超越生死、大悟彻底的人来讲,生不以贪为生,死不以怕为死;生与死不仅仅相同,甚至根本没有这样的事。

想达到哪一种层次或态度,最后的决定权操之在己,而能够坦然面对生死的人,才能让自己活在心安自在。

当死亡来到时,若能自主自知,以喜悦的心勇敢地面对死亡、接受死亡,对于自己一生的行为,不论是善、是恶都要心存感谢,无怨、无悔、无嗔、无傲。

如此一来,便能活得自由自在,且让生死两相安。

观照生与死

当死亡来到时,
若能自主自知,
以喜悦的心勇敢地面对死亡、接受死亡,
对于自己一生的行为,
不论是善、是恶都要心存感谢,
无怨、无悔、无嗔、无傲。

与最爱者心心相通

> 上帝啊！我把灵魂交给你了！
>
> ——哥伦布

人世间最大的不舍与眷恋，莫过于遭逢亲友的生离死别之痛，无不令人感伤与思念。

彼此生活在一起的人，其中一个突然离世而去，对生者而言，的确是件相当残酷的事情，难免感到痛苦万分，无法接受天人永隔的事实。

虽然这是人性的自然流露，可是无情的死亡却不会因为你的悲伤，而留下亲爱的人的性命。

天人永隔的事实，即使不能接受最后还是得接受，毕竟人都逃不过死亡这一关。

只是，我们总是愚蠢地以为可以和最心爱的人长相厮守，一旦一方猝然面临死亡，不是伤痛的无以复加，就是怨天尤人，哭喊老天的不公，泣诉自己的不幸。

比利时诗人梅特林克在临终前说："死亡，对我来说是挺自然的事。"

其实，对每个人而言，未尝不是如此。死亡是早晚的事，是再自然不过了，何须哀伤，何须悲痛。

将生命发挥得淋漓尽致

有台湾的乙武洋匡之称的十八岁抗癌勇士林忠明，因为罹患癌症而左手截肢，在与病魔搏斗将近十年之后，不幸因病情恶化病逝。

脸上永远带著笑容，还有一身的朝气的他，用他的抗癌亲身经验展现无限的生命力，经过十年的努力，终究敌不过死亡的召唤，但是这位生命斗士，虽然经历病痛，但是他精彩的生命，给了更多人坚强的勇气。

虽然只剩下一只手臂，长期受到病痛折磨，他却从来不喊苦，每天开心的当志工帮助别人，临终前还交待家人，办理后事剩下来的钱，都要

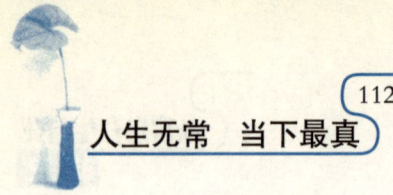

捐出来作善事。即使生命画下句点,而他已经为许多跟他一样病痛的人,开启了希望的窗口。

生命的精彩,不在于功成名就,或者长命百岁,而是能不能将生命发挥得淋漓尽致,不虚此生。

曾经获得十大杰出青年殊荣的台大管理学院教授翁景民,不幸因癌症过世,虽然只有四十三年的寿命,不过一生乐于助人的他,几乎每个月的薪水都用在学生身上,就连过世前四天,也把仅存的六千元给捐出来。

家境贫寒的翁景明,有着活泼开朗的个性,完全没有大学教授的架子,在别人眼中更是个孝顺父母的孝子。由于母亲的骤然辞世,为丧礼奔波的他,不料两个月后被医师告知罹患肺腺癌。

重病在身的他,躺在病床上口中念念不忘的还是家人,对学生的付出更是尽心尽力。而在宗教信仰的支持下,翁老师的太太显得平静,只能

在书中一解对先生的思念，而受过老师帮助的学生，也只能在书中和老师的歌声中，追忆这位淡泊名利的好老师。

用思念来代替悲痛

回教圣典上说："生者必然会面临死亡，死者必然会重生。不可为不能避免的事叹息。"

虽是如此，但是长期和我们共同生活、照顾我们的人，一旦先离我们而去，确实令人心碎。即使人人都渴望能和心爱的人长久生活，然而无常的世界却是冷酷地将人心撕裂。

不过，只要能与最爱者心心相通，对方便永远活在我们心中，用思念来代替悲痛。

因此，即使在失去自己最亲爱的人以后，千万不可太过哀恸，应该选择节哀顺变，不要做出再让死者更为失望的事，如此一来，对方必然永远活在自己的心底，永生难忘。

人生无常　当下最真

观照生与死

回教圣典上说："生者必然会面临死亡,死者必然会重生。不可为不能避免的事叹息。"

生命的精采,

不在于功成名就,

或者长命百岁,

而是能不能将生命发挥得淋漓尽致,

不虚此生。

活得比谁都开心

> 生命的意义,对于我们中的每个人,只是助长人生的爱。
>
> ——托尔斯泰

死也许很容易,可能也有几百种方法,但死了就能解决问题吗?就能摆脱困境吗?

大概不能吧!因为死后所留下的问题,只是把自己的烂摊子留给别人处理,这是一种很不负责任的行为。

有句话说:"好死不如赖活着。"

既然有勇气寻死,为何没有勇气活下去呢?更何况天无绝人之路,很多事都是事在人为,并非没有能力做到,而是选择不去做。

尤其,遭遇一点点挫折就放弃生命的人,无疑是最傻的懦夫,天下无难事,只怕有心人。

难道一定用死亡的方式解决问题？

一名国中女生因为交男朋友的事被自己的好朋友说了出来，气得在学校跳楼自杀。由于受不了好朋友的大嘴巴，读国中三年级的陈姓女生，竟然当著母亲的面跳楼。

当时假装没事的她，跟母亲说要上厕所，但是，才来到门口就突然转身从三楼跳了下去，幸亏一棵树救了她一命。不过，跌到地上后，又滚到十几层的阶梯下。送医之后，发现头骨破裂，右手开放性骨折，还好保住了一命。

另外，一名女大学生太过思念不幸因病过世的男友，最后自己也走上了绝路，由于她在遗书中表示，要和男友永远在一起。双方家长决定完成他们的心愿，为这一对还来不及踏上红毯的恋人，举行冥婚。

当初女方临时取消约会，男方去看牙医居然感染病毒，引发败血症身亡，自责的女友选在男友告别式当晚殉情烧碳自杀。

这对相恋多年的情侣，终于结为连理枝，但双方家长却流下不舍的眼泪，因为结婚证书上的誓言，就是新娘最后的遗言，上头写著：两个人要永远不分离。

生命诚可贵，爱情价更高；若为自由故，两者皆可抛。

难道不能在一起，就非死不可吗？难道不自由，就一定要死吗？也许在世人的眼中，认为这是多么凄美浪漫的爱情，但从生死的观点来看，却是愚蠢至极。

活著无法长相廝守，而死后就能保证不分离吗？如果说人有七情六欲，那么鬼会不会是一样，万一哪天对方变心了，岂不是白死了吗？

有一朵小花，生长在一棵高大的树下。小花非常庆幸大树成为它的保护，也非常珍惜它所享受的安静。

有一天，来了一个樵夫，把大树砍走了，小花非常伤心的哭著："啊！我的保护失去了，从

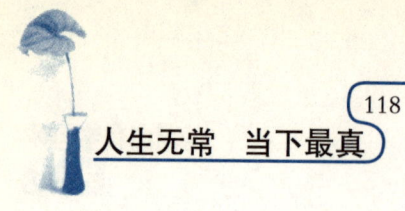

人生无常　当下最真

此狂风会把我吹倒，大雨会把我打倒！"

在一旁的大树听见了，安慰它说："不！太阳会照耀你，甘霖会滋润你，你弱小的身躯，将长得更茁壮；你张开的花瓣，将欢笑的展露在日光之下。人们会称赞你说：这朵小花长得多美啊！"

月有阴晴圆缺，人有生离死别

也许在生活中，我们总有意、无意的依赖着某人或某物，陶醉在温暖的依偎下，感到满满的幸福。

可是，有一天我们所拥有的种种，或者给我们的依靠突然消失了，那该怎么办？是不是也要跟着消失，结束自己的性命。

不，这是懦弱的行为，而是要好好活下去，活得比谁都开心，把小爱化为大爱，关怀更多需要关爱的人。

月有阴晴圆缺，人有生离死别。天下无不散的宴席，有生必有死，有聚必有散。不要怕孤独，不要怕寂寞，继续让爱传出去，使自己的生命更坚强、更勇敢。

观照生与死

月有阴晴圆缺,
人有生离死别。
天下无不散的宴席,
有生必有死,
有聚必有散。
不要怕孤独,
不要怕寂寞,
继续让爱传出去,
使自己的生命更坚强、更勇敢。

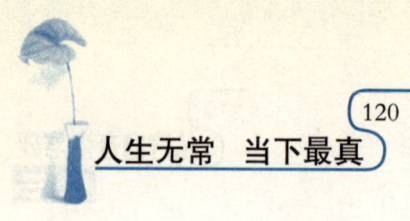

人生无常　当下最真

以平常心对待死亡

> 怕死比死亡更可怕。
>
> ——西那斯

愈来愈觉得人生没有意义，人活著到底是为了什么？追求什么？

就像有人会说，要让自己活的快乐点，这是为了你好。但如果是为了我好，为什么不让我死？

活著是那么的痛苦，如果真的是为我好，那就让我死吧！反正活著也只是浪费，死了也没人觉得可惜。

你是否有过这种感慨：觉得心里愈来愈空、愈来愈空，也不知道是为什么，总觉得所有的感觉正慢慢地远离自己。

当然，也许有人认为活着，只是为了还债；有人认为活着，只是为了享受；有人认为活着，

只是为了受苦。

无论人活着的目的为何？死亡是最后的归宿，不管是还债、享受也好、受苦也罢，该死的时候，谁也逃不过。

死亡是最后终结的觉醒

既然生死就像四时运作一样，是顺乎自然的事，我们何必恐惧，何必害怕，不妨顺应天命。

庄子妻死，庄子以方箕踞鼓盆而歌。这对尚未看透生死的人而言，无疑会觉得庄周是个冷血动物，对妻子的死亡毫不在乎。

可是，人生自古谁无死呢？如果难过、悲伤、痛苦能唤回死去的人，那么哭一千遍、一万遍也在所不惜。

作家司各脱说："死亡是最后的睡眠？不是的，它是最后的终结的觉醒。"

生死是自然界循环不息的现象，就像今夕日落西下，翌朝东方会再日升。只要好好珍惜在世

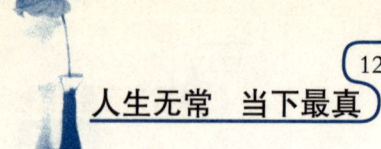

的时光，认真地生活，就是对生命最负责的态度。

有位老先生专门收集丧事的讣文，后来他的太太过世了，他自己制作的讣文就是一般的三倍长，他希望家人把这场丧礼视为文化的传承，一代一代的传下去。

不过，从家人脸上欢愉的表情，实在看不出来家中正在办丧事，而手拿引魂幡的老先生，竟然是死者的老公。

为什么太太过世了，老先生还能这么轻松？事实上，老先生早在五岁时，就把曾祖父的讣闻保留下来，也因此开始养成收集讣闻的习惯，他认为讣闻也是文物的一部分，留下来可以让后代子孙追查各亲族的关系，不至于忘本。

正因为从小开始收集讣闻，让老先生长大后，反而对死亡有更豁达的看法，甚至可以坦然面对死亡。

多花心思面对生命的无常

有个广告,令人印象深刻:一对父子在观看儿孙的棒球比赛,儿孙被"触杀出局",然后谈论到"死亡"的问题。儿子起初不太愿意提及这个忌讳话题,但父亲却很坦然地询问儿子会如何帮他办理葬礼。

虽然是个广告诉求,但这位开明的父亲不把自己的死亡当成忌讳,而是以平常心对待死亡课题,值得大家学习。

因此,接近死亡应成为日常功课,人不必、也需要等到真正死亡的时候,才慌张无措地面对它。

索甲仁波切感叹地说:"我们的社会只迷恋年轻、性和权力,却逃避老年和病衰。当老年人完成了他们一生的工作而不再有用时,我们加以遗弃,这不是很可怕的事吗?我们把他们丢进老人院,让他们孤苦无依地死去,这不是很令人困惑的事吗?"

所以，在每个当下，每个此时此刻，人都可以透过对生死的观想来寻求生命的意义与终极的安顿。

尤其，在日常生活中多花心思面对生命的无常，反省死亡的必然，从而思考生命中真正值得追求的目标与理想？就不会觉得人生活着没有意义了。

观照生与死

接近死亡应成为日常功课,

人不必、也需要等到真正死亡的时候,

才慌张无措地面对它。

在每个当下,

每个此时此刻,

人都可以透过对生死的观想,

来寻求生命的意义与终极的安顿。

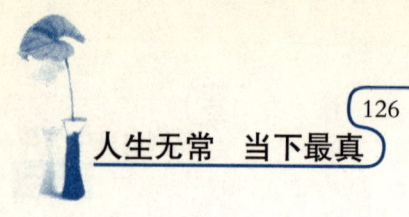

人生无常　当下最真

主动扭转命运

> 每个人都是自己的命运的建筑师。
>
> ——萨拉斯特

我是谁？我为什么活着？我希望变成什么样的人？相信这些问题都是绝大多数人终其一生想寻求的答案。

可是，世上有多少人找得到？也许当人们获知答案的瞬间，正是死亡的那一刻。既然没了生命，就算了解了也没用。但并不能因为如此，我们就可以随随便便活着，甚至不把生命当一回事。

虽然人生苦短，但如果因觉得人生无趣而自杀，不是苦上加苦吗？也证明了自己是个懦夫，没有担当的勇气与责任。

看过一部电影，内容描述一名年轻的会计师感到人生无趣，于是展开一趟未知的旅程。漫无

目的开着车,来到美国南部一个不知名的小镇,可是他的出现,却让这个小镇起了大骚动,在不堪其扰的情况下,他负气地说:"我是来这里结束自己的生命!"

于是,大家都把握最后的机会对他好,并将心理的秘密告诉他。而镇上的美女相信他就是为了前世约定而来,这时他才发现人生是美丽的,不再想死了,但此时又有人执意与他共赴黄泉,这下他不死也难了。

很讽刺的一个故事,却也反映出人的自私与软弱。不如意的时候,总是想寻短找死,好像唯有一死才能获得解脱。

要活得有勇气,不要老是归咎于"命"

可是,强制结束并不代表不再开始,反而会走得更辛苦,就像一道解不开的数学方程式,只是暂且被搁在一旁,等到许久后再提起笔去解答,又得重新费心思考。

人生无常　当下最真

有人说："只要是人，都得背负着痛苦而活。"

不管人生下来是不是来受苦的，既然活在世上，就要活得有勇气，不要老是归咎于"命"。

在《了凡四训》中，了凡先生曾对云谷禅师说："我被孔先生算命算定了。他说我的命里头，荣辱生死，皆有定数。即要妄想，亦无可妄想。"

可是，禅师却告诉他说："命由我作，福自己求。"并且举《易经》开头第一章为例说："积善之家，必有余庆"，意思是说一个人家，能够多作善事，积成了好多的功德，那就可以享有长久的福泽，不旦本身有福，尚会多余许多福份，惠及子孙。

因此，照《易经》的话来解释，命的确是不能够拘束人的。个人所遇的苦、乐，都是变化、活动，没有一定的，只要看这个人的念头、行动是善或是恶罢了。

人的命运操之在己

然而,现在的人却舍弃自己的无限潜力,去迷恋不可知察的天命,放下"人"当该作的事而不作,一天到晚只想靠"天"安排行事。

运命的好坏与否,掌握在自己手中。

兼好法师说:"吉凶乃因人而異,而非因日而異。"

所谓日子不好?运气不佳?究竟是哪里不好或不佳呢?如果我们不能深切自我检讨反省,只是把好坏归咎上天的注定,当然不可能走出阴霾,只会永远受到命运的摆布。

愿我们永远不会太自满,以致忽略了世上的不义。

愿我们永远不会因为在自己家中太舒适,以致忘了那些无家可归的人。

愿我们永远不要以为自由是理所当然的,以致忘记了那些不自由的人。

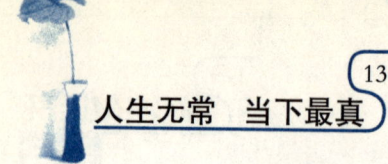

愿我们永远不要不分青红皂白就接受权威，而不察看它是否合乎正义。

愿我们永远不忘用自己的声音、时间和精力，让我们所生活的世界变得更好。

也愿我们永远不要丧失憧憬，永远要期待事情会更好、而且，我们永远都应该让它变的更好。

——犹太人踰越节家宴祷告词。

虽然命运是与生俱来的，但运命的好坏与否，却掌握在自己的手中，可以靠自己的愿力改变。

千万别认为命运差便生活无精打彩，应该更勤奋认真来扭转命运，更主动积极去改变命运。

观照生与死

　　人的命运操之在己。

　　然而,现在的人却舍弃自己的无限潜力,

　　去迷恋不可知察的天命,

　　放下"人"当该作的事而不作,

　　一天到晚只想靠"天"安排行事。

　　虽然命运是与生俱来的,

　　但运命的好坏与否,

　　却掌握在自己的手中,

　　可以靠自己的愿力改变。

观想自己的死亡

> 死亡是开启永恒之宫的金钥匙。
> ——米尔顿

人为什么会死?为什么不能永远活着,活一百年、一千年、一万年或长生不老。

死,有轻若鸿毛,也有重若泰山。不过,好像有人对死很恐惧,心中充满极度的不安感,不晓得到底害怕什么。的确,大部分人不敢、不愿意、也不知道如何面对死亡。

德国哲学家歌德说:"人类存在于死亡之下。"

虽然大家都知道生者必灭的道理,但能够泰然处之的人,毕竟少数。其实,无论是害怕、抗拒、畏惧或逃避,都不能使死亡远离,反而会时时刻刻活在死亡的阴影下,摆脱不去死亡的噩梦。这并未稍减死亡阴影对每个人的笼罩。

"人人必死"的事实,不但不会随著时间的消逝而消失,还会随著年龄的增长而愈发感到忧虑。

观想死亡时的感受、痛苦

在《宣言》这本书中,有段描写人类想逃离死亡的心理:

"我们这些死刑犯,害怕的不是会在绞首台被处极刑,真正可怕的是,不知在什么时候会被处刑。"乙刑犯说。

"救命啊!我已经受不了了,已经无法忍受死亡,啊,受不了了,谁快点来救救我吧!"甲刑犯说。

甲死刑犯已经无法忍受死亡的笼罩,所以在最后的时候,整个人完全崩溃。乍看之下,乙刑犯好像是个不怕死的人,但到了要走上刑台的时候,他突然极力挣扎。好几名看守者围在一起,将一直喊著"我不要死,放开我啦"的乙刑犯,

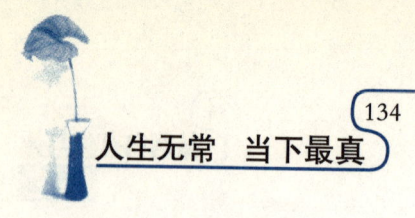

强制地将他的头压下。

死亡之所以令人害怕,无疑是不了解它和不敢面对它所致,如果我们能经常观想死亡,便能从而安顿、超脱生死。

《西藏生死书》的作者索甲仁波切清楚指出:接近死亡,可以带来真正的觉醒和生命观的改变。

"接近死亡"指的不是"人人必死"那种被动而无奈的事实,而是一种主动或有所自觉的面对死亡、观想死亡。

西藏高僧甚至邀请人历历在目地观想自己的死亡,作为一种有系统的止观法门:

"观想死亡时的感受、痛苦、悲惨、无助、亲友的忧伤,了悟自己一生中已作或未做的事情",想像"身体平躺在最后一张床上,口中呻吟着最后的几句话,心里想着最后的往事回忆,这场戏何时会发生在你身上呢?"

摒除我执和得失心

人生无常,世间诡谲,有如水泡,不能久住,不可依恃。

正如临清录里所说:"生死不染,去住自由。"

接近死亡是任何人在日常生活中不可忽略的功课,因为人很容易遗忘生死而醉生梦死,所以需要观想死亡。

自性本是佛,

不可更求佛,

自性无生死,

不可厌生死。

——宗锋妙超大师

当然,每个人多少都会害怕死亡,只要体认死亡是人生的必经过程,其实不只是自己,包括任何人都无法避免的,自然能从从容容生活,快快乐乐面对死亡的不安及恐惧。

生死既是相伴,何不摒除我执和得失心,细细品味人生的百般滋味,那么生死有何惧哉?

观照生与死

每个人多少都会害怕死亡,
只要体认死亡是人生的必经过程,
其实不只是自己,
包括任何人都无法避免的,
自然能从从容容生活,
快快乐乐面对死亡的不安及恐惧。

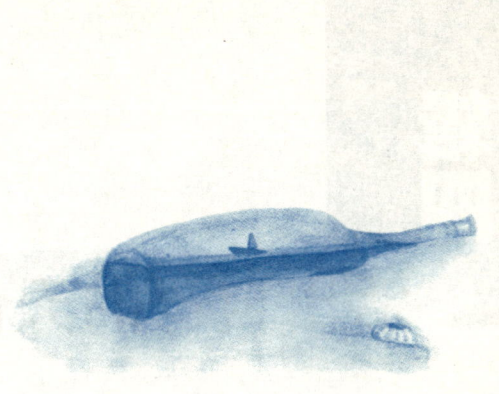

PART 4

苍松可以活上千年,而牵牛花仅能活一日,有人认为两者同样长寿,因为它们各自完成自己的天年,谁也没有夭折。可见,生命不在活得多久,而是有没有尽到自己的本份。

辑四 活出自己的天命

欢欢喜喜接受它

> 死亡随时伏在门外。因此,要聪明一点,随时随地预计可能遭遇死亡。
>
> ——科尔兹

生死的问题看似遥远,却是在任何时间、任何地点都可能发生在我们身上的,谁也无法幸免。

就像俗谚说:"黄泉路上无老少"、"棺材装的是死人,不是老人"、"阎王要你三更死,绝不留你到五更"等等。

人的生死只是一个瞬间,如果一口气没接上,马上气绝身亡。所以,死亡不是老人的专利,任何人在任何时候都可能死去。

那么,一个人的盖棺如何论定呢?有篇佚名的文章,值得大家思考:

不要问:"他怎么死的?"而要问:"他怎么

活的?"

不要问:"他得到了什么?"而要问:"他付出了什么?"这才是衡量人之所以为人的单位。

看一个人究竟有多少价值,而不必论其出身。

不问:"他的地位如何?"

而问:"他是否有诚心?"

并问:"他如何善用天赋?"

"他会不会随时用鼓励的话去诱发一个笑,或拭去两行泪?"

不要问:"他信仰什么宗教?"

也不问:"他的信条是什么?"

而要问:"他帮助过那些需要帮助的人吗?"

不要问:"报纸上的人物专访怎么说他?"

而要问:"他过世了,有多少人真正感到难过?"

人生好比是一趟旅程,死亡则是最后的终点。对终点一无所知,就像旅途中的人不知自

己的目的地何在,就无法决定该走的行程与方向。

不要只顾着累积在世上的财富

西藏人说:"明天或来世何者先到,没有人事先知道。"

虽然我们不知道自己何时会死,但不表示我们可以跳过死亡,或者有遗忘生死的充分理由。遗忘生死,使人陷溺于无明的忙碌中,忽略生命中真正重要的事物。

《西藏生死书》的作者索甲仁波切这样描述大部分人的生活:"我们大多数人都是这么醉生梦死的,依循既有的模式活着:年轻时候接受教育,然后找个工作,结婚生子;我们买个房子,在事业上力争上游,梦想有个乡间别墅或第二部车子。假日我们和朋友出游,然后,我们准备退休。有些人所面临的最大烦恼,居然是下次去哪里度假。整个生活步调如此紧张,完全没有时间想到死亡。为了拥有更多的财富，我们拼命追求享受，最后沦为它的奴隶，只为掩饰我们对于无常的恐惧。"

另外，耶稣也告诫人们要醒寤祈祷，不要做愚昧人只顾着累积世上的财富，却忘记上帝有可能就在今夜召回我们的灵魂。

随时随地预计可能遭遇死亡

因此，怎样的人或哪些机缘会使人接近死亡呢？当然是自己的死亡迫近或亲身经历某个死里逃生的变故。

可能一场大病，让你体验到生命的脆弱；可能一件意外车祸，使你发现即使可以遗忘死亡，死亡却不会忘了你；可能医师宣告你还剩下几个月，让你了解到不论自己愿不愿意，生命至此可能要终结了。

另一种接近死亡的机会，就是面对亲友生死无常的时候。

相信许多人都有经验,看着父母在加护病房垂死挣扎,医生束手无策,而自己也无能为力;听到某位同学突然因车祸丧生,留下大家无比的怀念。此情此景,一方面让人情何以堪,另方面也不得不感慨人生无常。

作家科尔兹说:"死亡随时伏在门外。因此,要聪明一点,随时随地预计可能遭遇死亡。"

所以,有智慧的人要懂得勇于面对一切,以乐观积极的态度迎接每个时刻、每个考验,即使是障碍来临,也要欢喜接受它,甚至扭转逆境。

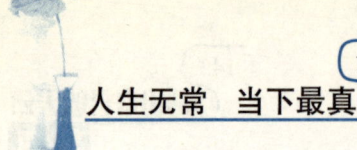

人生无常　当下最真

观照生与死

　　人生好比是一趟旅程，
　　死亡则是最后的终点。
　　对终点一无所知，
　　就像旅途中的人不知自己的目的地何在，
　　就无法决定该走的行程与方向。
　　有智慧的人要懂得勇于面对一切，
　　以乐观积极的态度迎接每个时刻、每个考验，
　　即使是障碍来临，也要欢喜接受它，
　　甚至扭转逆境。

靠智慧与毅力去克服

> 为什么怕死?它是生命中最美丽的冒险!
> ——查理福劳曼

有人说:活着是件辛苦的事,每天烦恼这、担心那,永远有解决不完的事情,一刻也不得闲。

想想也是,从呱呱坠地的那天开始,就必须承担各种的压力,可能是课业、感情、工作等因素,经常压得让人喘不过气来。

既然人活得这般辛苦,不如死掉算了?可是,死后的光景就真的比活人的世界舒服好过吗?

这个疑问,大概没几个人知道吧!就像我们常会思索这个问题:"如何确定自己活着?"

活着的意义是什么?是可以活动,还是活着比"死"的定义更清楚些,至少能感受到东西的存在。

但是我们又不曾死过,又怎知道"死"后不能感受呢?因为常听人说,人死了还有"灵魂"存在,这个灵魂永远不灭,它可以随心所欲,想做什么就做什么,甚至比人活着时还管用。

挑战着人类的智慧

那么,到底有没有灵魂的存在?心理学家荣格将人类的灵魂分成三层构造来说明,最上层的是"自我",是理解到自我的意识;自我的下一层是个人的潜意识,就是我们平常所遗忘的事物,或幼时的个人经验,平常没有意识到而蓄积起来的层面;最下一层则是"普遍的潜意识",也就是全体人类所具有的遗传性或先天性的想像。

事实上,在人类的灵魂深层中,有着产生这种想像的功能,而存在于深层想像震撼着人类,荣格称这个想像为"原型"。

除了心理学家对灵魂有独特的诠释外,世界上许多学派宗教对灵魂的来源与宿命也有不同的解释。

基督教及犹太教认为每个人的新灵魂是由上帝所创造的,死亡时身体和灵魂只是暂时分开;佛教认为灵魂是部分人世间生命的推动力暂时住进身躯中,世上并没有个别的灵魂,死亡时灵魂转生到另一个躯体;

印度教把灵魂称为吉法,认为最先是始于石头,然后转至植物,然后动物,最后化身为人。一旦死亡时,吉法会永久离开躯体,根据因缘宿命而找寻下一个躯体;

道教的说法是灵魂包括两部份,就是精神上的魂(阳)和地上的魄(阴),当死亡之时,魂犹如云烟般地离去并继续其旅程,而魄则同归地上。

无论是哪一种说法,人一生的发展,如同海浪波涛起伏,不可能一帆风顺,每个人都必须经

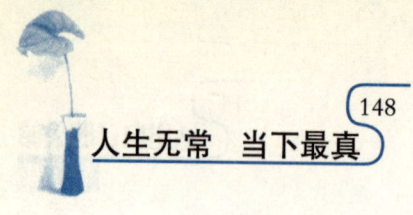

历无数的考验,包括感情、家庭与婚姻等生活层面的事情,可说是处处布满荆棘,挑战着人类的智慧。

好好充实自己和体验人生

死亡本来就没什么好恐惧的,当人们愈害怕去面对的时候,才会感到莫名的惶恐与不安,而妄想长生不老,企图想改变自然法则。可是,从古至今,无论科学家多么努力钻研,终究难逃生死定律。

著名的心理学家艾雷克逊认为在生命的过程中,个人必须与社会不断地接触并产生一系列的冲突,如果我们能克服每一个阶段面临的危机,那么我们的人格发展就会较为健全,也就是可以生活得快乐无忧。

因此,他将生命分为几个时期,在每个时期中都有其特定的人生危机,这些人生危机正考验着我们,需要我们靠智慧与毅力去克服它。

俄国大文豪托尔斯泰说:"人生唯有面临死亡,才会变得严肃,意义深长,真正丰富和快乐。"

人生自古谁无死,留取丹心照汗青。

既然人都逃不过一死,何不趁活着的时候,好好充实自己和体验人生,勇敢地度过各种难关,让生命活得精采有意义,不枉此生呢?

观照生与死

俄国大文豪托尔斯泰说:
"人生唯有面临死亡,
才会变得严肃,意义深长,
真正丰富和快乐。"
生命在每个时期中都有其特定的人生危机,
这些人生危机正考验着我们,
需要我们靠智慧与毅力去克服它。

不要再"等到以后"

> 死亡是存有的一个方式,是此有自受生的刹那中拾得。
>
> ——海德格

每个人的生命都有尽头,原本无须大惊小怪,也不用黯然神伤。

然而,许多人经常在生命即将结束时,才发现自己还有很多事没有做,有许多话来不及说,成为一生中最大的遗憾。

错过了,总是难以弥补;失去了,再也无法挽回。

现在想做的事就去做

在《心灵鸡汤Ⅲ》这本书里,收录一封感人的信,是一位卡车司机在跌落万丈深谷之后,去世之前写下来的。

人生无常 当下最真

亲爱的老婆：

　　大概没有什么人会愿意写这样一封信，我却庆幸自己还有时间能借它告诉你我多次想说却因为太投入工作而从未说出的话：我爱你。

　　以前你常跟我开玩笑，说我爱我的卡车胜于爱你，因为我跟卡车在一起的时间太多。我的确爱我的卡车，它与我栉风沐雨，历经艰难。不过，我更爱你，你是我的生命支柱。

　　现在，我伤得很重，已走到人生最后一步了。我想起自己曾错过不知多少次结婚纪念日及生日，以及因为我在路上奔忙，使你必须独自去观赏孩子学校的戏剧或球类比赛。

　　我想到那些你独守家中的寂寞夜晚，不知我人在何处，事情是否顺利，想到我总是惦着要打电话跟你问个好，却不知怎么地，总有各种理由而没有付诸行动。现在，那些理由都不再重要了。

　　这一生我犯了不少错误，唯一作对的事就是娶你为妻。我自己也无法了解，为什么我一直开

卡车,但那是我的生活方式,而你却嫁鸡随鸡,从无怨言。

我的身体很痛,但我的心更痛。当我结束人生旅程时,你却不在我身边。从我们结婚以来,这是我第一次感到独自一人,我觉得很害怕,也急需要你,但却为时已晚。

可笑的是,现在我所有的只是这部卡车。这辆支配我们生活这么久的可恶卡车,这块我住了这么多年,但现在已扭曲变形的废铁,它无法回报我的爱,因为只有你能。

老婆,我想大概就这样了。我的天啊,我非常爱你!我觉得你与我同在,虽然你我相隔千山万水。我能清楚感觉到你的爱,我无法单独面对这最后一程。

告诉孩子,我也爱他们,教他们不要学我开卡车。

比尔路得·肯达尔

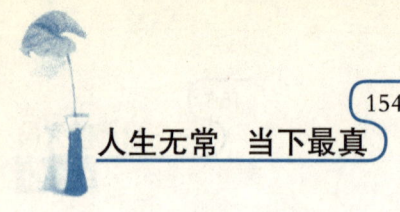

人生无常 当下最真

看完这封卡车司机的最后遗言,你是否感触良多,心有戚戚焉呢?

往者已矣,来者亦不复可追

一个人在生死交关时所呈现的真情流露,所后悔自己没有及时去爱,所后悔不能弥补过去的亏欠,无不充满自责与愧疚。

然而,往者已矣,来者亦不复可追。

可不是吗?当我们活着的时候,似乎我们所有的生命都用在等待,等到?,等到?。

"等到我毕业以后,我就要?"

"等到我买房子以后,我就要?"

"等我最小的孩子结婚之后,我就要?"

"等我把这笔生意谈成之后,我就要?"

可是,等到最后,该做的事永远没做,而生命却到了尽头,到时想做也来不及,如何不留下终生的遗憾呢?

不过,幸好有"死亡"告诉我们现在必须活

在"现在",因为明天是个幻象,可能不会到来;它告诉我们重要的不是我们的日子、时刻或年华的多寡,而是度过的光阴,每一天都是崭新的,每个瞬间都是新鲜的。

再也不会有另一个现在,所以我要为今天而努力;再也不可能有另一个我,所以我要为自己尽力。

所以,不要再"等到以后"了,现在想做的事就去做,该表白的就说出来,好好把握当下,才能活在未来。

观照生与死

"死亡"告诉我们必须活在"现在",
因为明天是个幻象,
可能不会到来;
它告诉我们重要的不是我们的日子、时刻或年华的多寡,
而是度过的光阴,
每一天都是崭新的,
每个瞬间都是新鲜的。

死是生的开始

> 我愿意相信不死,我希望永远活着。
> ——拜伦

人们常说:生死一瞬间。

的确,生命看似坚韧,却也相当脆弱。原本一个好端端的活人,可能一次意外、一个疾病、一场灾难,转眼之间就变成一具冰冷的尸体。

面对亲人或朋友死亡的噩耗,生者无不一脸的怅然若失,即使心中多么的不舍,也只能忍痛接受现实。

一位六十多岁的林医师,笑嘻嘻的带人参观他的脑心血管研究,而曾经发生过的一场生死交关的奋战,差点让他笑不出来。

那时他刚好和医院里其他医师,打完了一场激烈的羽毛球赛,没想到突然心肌梗塞昏倒,连心跳也停止了。

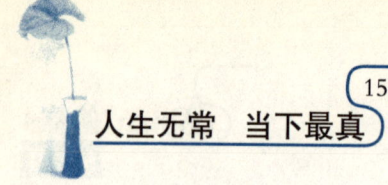

虽然现场的医生同事,以接力方式帮他进行CPR,不过从球场到医院的遥远路途,他的心跳就这样停止了四十分钟。

在急救过程中,还一度宣告不治,没想到最后他居然奇迹般生还,即使身在医学界工作,还是觉得不可思议。

死里逃生的林医师,对于意外捡回来的这一命,充满无限感谢。

"死亡"是相当忌讳的话题

能够大难不死,是件值得庆祝的事。然而,并非每个人都有如此的好运,可以逃过一死,更多时候都必须接受天人永隔的无奈。

可是,不管自己愿不愿意,死亡都会来临。日本一休禅师说:"生者必然死,释迦、达摩亦然。"

不过,我们平常很少会想到死亡,总觉得那是遥不可及的事而一笑置之。等到遭受病魔所侵,当医生宣告不治时,立刻的强烈反应是:"你说谎,我绝不可能那样。"

非得到了有死亡的自觉症状,发现死亡已不可避免时,才会一改常态,哀哀恳求医生尽力救治。

死亡时,肉体上的痛苦不能以自力抗拒,但精神上的不安却可借思想的改变而趋于和缓。

因此,对许多人来说,"死亡"是相当忌讳的话题,不敢碰触和避之唯恐不及。

提前体验生离死别的感受

有一次,一群民众参加了生命体验营,设计不同类型的"预做往生告别式",提前体验生离死别的感受。

站在为自己预作的往生告别式之前,参加生命体验营的萧先生,忙着和同一组的组员做最后的预演。他说希望将来在他的告别式上,来参加的亲友都能够像参加一场温馨的聚会,不要有感伤。

另一边 E 世代的新新人类,更是颠覆了传

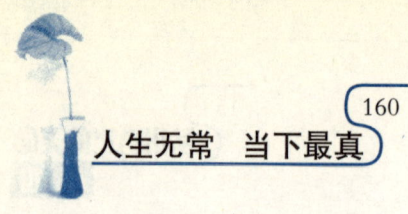

统，推出另类型的告别式，除了送上预作往生者最爱的礼物，连 KTV 也搬到告别式上。

在这场预做往生告别式竞赛里，学员们个个卖力演出，深情流露。对学员来说，透过不同的方式，为自己提前设计往生告别式，掌握殡葬自主权，也让他们更珍惜生命的可贵。

美国总统林肯说："死丝毫不可怕。我现在甚至在想，如果能自然地死去，那该有多快乐。但是，既然我如此诞生到人间，自然有活得有价值的义务在。"

所以，死何足惧哉？

人多半都是因忧虑死后的种种才陷于不安、悲凉。这时，不妨试着放弃去思索死后的一切，将念头转往未出生之前自己是纯然无形无影的状态。

如果能将死当成一场午睡，心情就轻松多了。

《临济录》中说："生死不染，去住自由。"

临死前如能坦然接受，那么静静赴黄泉就快乐多了，因为死不就是生的开始吗？

观照生与死

美国总统林肯说:

"死丝毫不可怕。我现在甚至在想,如果能自然地死去,那该有多快乐。但是,既然我如此诞生到人间,自然有活得有价值的义务在。"

所以,死何足惧哉?

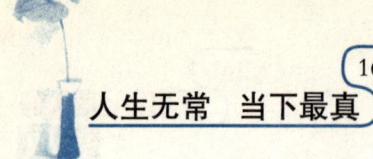

活出自己的天命

> 死是生的开头,生是死的起点。
>
> ——证严法师

毫无疑问地,人在一生必须面临生老病死等过程,终究回归尘土,烟飞灰灭。

这是无可更改的自然法则,但大多数人却非常避讳"死亡话题",不敢、不愿意、也不知道如何面对死亡。

心理学家佛洛伊德认为人有畏死求生的本能,但害怕死,并不能免除死。

所谓"安身立命"之道,对于人生我们最关心的是什么呢?不是权势地位,也不是金钱财富,应该是生与死的体认,因为还有什么比这个更切身、更实际的呢?

既然寿命不是人力能完全预估的,生死也不是人为可以掌控的,在此唯有依靠、委身天命,

尽量在有限的生命里，让自己置身在自在的喜悦中，活得无比自在。

好比说今天你即使拥有财富如山，名望权势无边，但能否多加自己岁数一刻呢？

有人在临死前还问医师："有希望吗？"这又有什么用！当你站在生死存亡之际，身外之物有何意义？

各有天性、各有天命

一般来说，赤蟒可以活上五年，而青蛇只有三年好活。

于是，有一天青蛇发牢骚了："啊，上天真不公平，我每天拼命寻找食物，很认真的生活，却只能活三年。赤蟒那懒家伙动也不动地盘在那里，整天无所事事，反倒能活五年，太不公平了。从明天开始，我也要像牠一样卷成一盘，什么事也不做，倒要瞧瞧会有什么后果？"

最后，青蛇会饿死，连短短的三年也活

不到。

另一头，赤蟒也有些不安现状，自己觉得："我这盘着不动，只能够活五年而已。如果像青蛇那样四处游走，变换一下口味、舒活舒活筋骨，说不定会更长寿！"

结果东奔西走之后，赤蟒因消耗太多体力，无法很快找到大量食物补充而饿死了。

为什么会出现这种状况呢？关键在于牠们各有天性、各有天命。原先各依天命而生活，所以能安享天年。然而，一旦强迫自己去做违反天性的事，反倒成为致命点了。

还有从另个角度思考，赤蟒能活五年，而青蛇只能活三年，是不是表示赤蟒比青蛇长寿呢？

朝闻道，夕死可矣

其实不然，要知道"三年"、"五年"并不是"寿命"，只不过是两个数字罢了，真正的"寿命"不是数目这个东西。

就像苍松可以活上千年，而牵牛花仅能活一日，有人认为两者同样长寿，因为它们各自完成自己的天年，谁也没有夭折。

可见，生命不在活得多久，而是有没有尽到自己的本份。

儒家对生死的看法，认为如果一个人在世间上建功立德，为国家、民族、社会尽心尽力，如此虽死犹生，因为即使是死，但他的精神长存。

例如历史上的岳飞与秦桧，岳飞的忠孝精神永远长存，而秦桧却留下千古骂名，虽然两人都成为荒塚一堆，但历史的评价自有公道。

孔子说："朝闻道，夕死可矣！"

证明我们人生要追求一个真理，我们要悟到真理，是为道而牺牲，为国家、社会而牺牲，而这样子的牺牲，他的生命却始终存在，永恆不朽。

活出自己的天命，就从尽自己该尽的本份开始。

人生无常　当下最真

观照生与死

　　苍松可以活上千年，
　　而牵牛花仅能活一日，
　　有人认为两者同样长寿，
　　因为它们各自完成自己的天年，
　　谁也没有夭折。
　　可见，生命不在活得多久，
　　而是有没有尽到自己的本份。

充满感恩的心

> 骑士,用行为来证明自己!
> ——亚瑟王

当你中了乐透彩时,你会以怎样的心情面对?当死神来敲门时,你会以怎样的心情看待?

相信大部份人的反应,可能少不了恐慌、沮丧、落寞,难掩失望的神情,郁郁寡欢。

恐惧是正常的行为,却改变不了死亡的事实,而有人为了逃避死亡的折磨,选择了自我了结。

美国影星莎朗斯通,曾经因脑动脉瘤破裂导致脑颅内出血,险些丧了命的她,在医院病床上经历一段濒死经验。

"我看到一个炫丽光亮的白色漩涡,还看到一些我非常亲密的朋友前来接我,可是忽然之间一下就结束了,我又回到房间里,回到我自己的

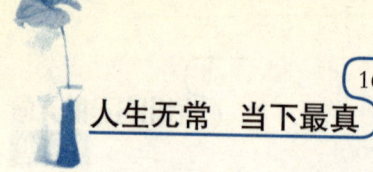

身体里。"

这场因骑马所引起的脑出血,当时医生还警告她的先生菲尔布洛斯坦说她可能"撑不过去"。

医生告诉菲尔说,我们发现她的动脉瘤破裂,目前有生命危险,我们可以试着动手术,但是她也有可能因手术而死亡。

不过,生命力强韧的斯通,认为这次经验让她重新检视了她下滑的演艺事业,她的生命从此将再不会相同。

还有什么是还没做,要及时做

另外,一位事业如日中天的女强人,被宣判得了子宫颈癌,对她无疑是个很大的打击。

当时正处事业高峰的她,还有美满的婚姻。可是,命运捉弄人,事业正好的她,竟然被医生宣判得了子宫颈癌。还好发现得早,癌细胞清除了。

一场大病,使她对生命有了不同的看法。以

前的她是工作狂，连放假都觉得可惜，现在的她说，生命中最重要的是健康和快乐。

还有一位企业家，曾经生过大病，住过加护病房，徘徊在生死一线间，后来幸存下来的他，从此思索着："我还有什么是还没做，要及时做？"

从死亡边缘挣脱回来后，他第一个想到的就是回馈社会，处处充满感恩的心。

"现在我的每一天，都过得很感恩的生活。以前怕死，之后不怕了。像前些时候常摔飞机，我却照样搭飞机来去国内外。事业上越来越放下，志业越来越起劲。"他说。

人总是如此，非得经历过生死大关，才懂得珍惜生命，才懂得感恩回馈，而为何之前不做呢？因为我们太不爱自己了，我们太看轻生命了，以为自己可以活很久很久，以后还有很多很多时间，殊不知生与死仅是一瞬间，现在不做以后可能没机会了。

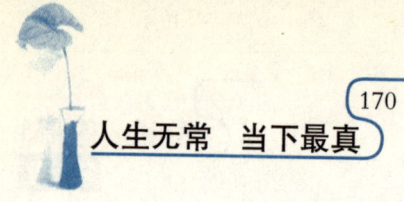

与其活得长，倒不如活得好

美国前第一夫人芭芭拉布希在演讲中曾指出："作为医师、律师或企业领袖的职责尽管重要，但你首先仍是一个人。人与人的关系——配偶、子女和朋友，是你最重要的投资。在你生命的尽头，你不会后悔没有通过某次考试、没有赢得某个案子，或没有做成某件生意。你会遗憾没有花时间陪伴丈夫、孩子、朋友或父母。"

如果你有这些感慨，那么就不要再浪费时间了，好好珍惜生命中的每个人、事、物，用感恩的心过生活。

与其活得长，倒不如活得好。

作家 Michael Landon 说："在我们一出生时，就应该有人告诉我们：你已朝向死亡前进。那么我们就会全心全意好好的生活，善用每一天里的每一分钟。"

重视生命的"亮度"，而非长度。

观照生与死

与其活得长,倒不如活得好。

作家 Michael Landon 说:"在我们一出生时,

就应该有人告诉我们:你已朝向死亡前进。

那么我们就会全心全意好好的生活,善用每一天里的每一分钟。"

重视生命的"亮度",而非长度。

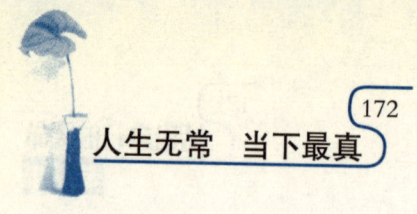

人生无常　当下最真

观照死亡和无常

> 生命是不以年龄计算的，有些人在一天内过了一生，在朝夕之间老去。
>
> ——爱凡斯

每天都有人出生，每天也都有人死去。生死的存在，原本就没什么大惊小怪，只是我们太贪"生"而怕"死"了。

有个医生说，他所见过的死人，比一般人要来得多。这些人早上醒来时，原本预期只是过着一个平凡无奇的日子，没想到一些意外事件，可能是交通事故、脑溢血、心脏病发作等等，刹那间生命的巨轮倾覆离轨，突然闯进一片黑暗之中。

没错，一个人永远也无法预料未来，因为生命只在一瞬间，谁也不知道下一秒是生或死。

所以，一旦不幸遇到困难的打击，千万不要

灰心丧志，更不能暴殄生命，无论如何都要勇敢活下去。

不过，经济的不景气和失业率的攀升，让自杀案件频传，让人不禁怀疑自杀是不是已经成为社会的一种风气。

一时的失意不代表永远的失败。

一名男子将平常用来清洗地板的两罐清洁剂混在一起喝想要自杀，还好被紧急送医之后，并无大碍。

一位正在服役的新兵，放假回家被发现在家里割腕自杀，现场留下一张字条，说明会自杀是因为部队班长骂他死兵、臭兵。

一名九十岁的老太太和高龄一百零八岁的老婆婆，纷纷选择跳楼自杀，两人寻短的原因一样，都是觉得人生乏味，活得没有尊严。

看到一而再、再而三的自杀事件，不禁让人忧心忡忡。在一场预防自杀潮的座谈会中，专家分析选择寻短的族群有三类，分别是因为感情不

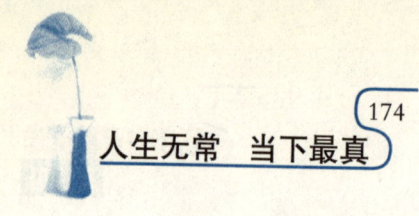

顺、健康欠佳或者遭逢重大变故。

学者柴松林更不讳言指出，政治人物每每以族群动员，造成民众不安，也是产生心理压力的关键。心理咨商的张老师也呼吁，防止自杀要提早发现、提早治疗。

另外，国内失业率不断攀高，就连高科技产业都出现大量裁员现象，中年失业劳工，无法背负庞大压力，选择轻生的念头，不得不防。

不过，天无绝人之路，一时的失意不代表永远的失败，又何必轻生，走上极端呢？

重新找回生存的勇气

九二一大地震，受困在大楼内一百多个小时，最后被幸运救出的孙姓兄弟，弟弟在当兵的前夕，表示这段期间心情的转折很大，能去报效国家，心情反而很轻松。

虽然九二一大地震的幸运重生，使得两兄弟成为大家心目中永不向困境低头的代名词。但

是，成名后的困扰，却在求职过程中，受到无尽的打击，使得他们一度想放弃。

直到看到八掌溪的不幸，才感悟到生命的脆弱。战胜了大自然的无情，却在现实生活中输给成名所带来的负担，他们只想当一个默默无闻的人，重新找回原来自由自在的可贵人生。

生者必死，
聚者必散，
积者必竭，
立者必倒，
高者必堕。

也许很多事不是我们能够做主，也许很多时候总是身不由己。但唯一不变的真理，就是每当我们迷失方向或懒散的时候，观照死亡和无常往往可以震醒我们回到现实，重新找回生存的勇气。

人生无常 当下最真

观照生与死

生者必死,

聚者必散,

积者必竭,

立者必倒,

高者必堕。

每当我们迷失方向或懒散的时候,

观照死亡和无常往往可以震醒我们回到现实,

重新找回生存的勇气。

感受活着真好的喜悦

> 不要贪生,也不要厌世,寿夭由天注定。
> ——米尔顿

生命的脆弱,总是让人感到意外与震惊。可能几天前还跟你谈笑风生的人,怎么突然有生命危险,或者说走就走。

这就是人生的无常,生命的脆弱,就算你不愿意也得接受,百般不想死还是得死。

在电影《第六感生死缘》中,当你被预告(或自己知道)即将面临生命的终点时(或面临没有选择余地的离开一个环境;甚至被迫将结束一件尚未完成的事时),是否该消极地因为这个事实,而放弃之前的一切,然后毫无意义地等待死亡;还是该自始至终坚持自己对真理的追求与实践,然后划下一个完美的句点。

这是很多人都会有的疑问,也是最难以回答

的问题。于是，在无从选择的情况下，有些人竟然做出了傻事。

仅仅是短短的一天时间，从深夜到隔天清晨，光是台北市就发生三起自杀事件，有人因为长期失业，有人因为生意不好，结果都选择用自杀来结束自己的生命。

觉得活得很辛苦

一名男子从一栋正在兴建中的大楼跳楼，当场压毁一部停在路边的小轿车，小轿车车顶凹陷、玻璃碎裂一地，地上还留著大片血迹。警方赶到现场的时候，男子已经死亡。

家属表示，死者原本是一名裁缝师，几年前染上吸毒的恶习之后，一直失业找不到工作，可能因为这样才会走上绝路。

另外，有一名男子被母亲发现在家里喝农药自杀。死者也是因为长期失业，和妻子感情很不好，加上太太带着孩子离家出走，原本双方约好

要办离婚，不料在前夕他却选择自杀结束一生。

还有一名计程车驾驶，被人发现在自己车里接了排气管自杀。死者留下一封遗书，说因为疾病缠身，以及最近生意不好，觉得活得很辛苦。

虽然生命如此脆弱，但生命的权利是没有人可以左右你的。即使是死神，它能剥夺的只有你的肉体，无法剥夺你的精神；即使是上帝，他能带领你的只有一个安静的方向，无法牵引你的心。

的确，即使自杀的事件层出不穷，而曾经自杀获救的人，也陆续一个个站出来，以自己亲身经历来呼吁大家珍惜生命。他们有的是家庭暴力的受害者，有的是承受不了经济压力走上绝路，但很幸运的都捡回一命，并在辅导人员的协助下，获得重生。

亲切的语气，真诚的关怀，虽然只是如此简单的一通电话，却让曾经走上绝路的他们，重获新生。

把寻死的念头转化为求生的意志

当时还是个孩子的家瑜,不懂怎么自杀,只知道用墙壁把自己撞得头破血流;先生过世,又被人倒会的王妈妈,尝遍了各种自杀方法;十八岁花样年华的文君,在半年前自杀以逃避家庭暴力。

如今,这些人回想起来,都庆幸能捡回一命,好让自己有机会真正去感受生命的价值。"活着真好!"是他们共同的心声,也希望所有想自杀的人,都能够听得到,别再想不开了。

英国小说家狄更斯说:"我们得到生命的时候附带一个不可少的条件:我们应当勇敢地保护它一直到最后一分钟。"

没错,死亡也许是免费的,但是却要付出生命的代价。唯有"把握当下,切莫等待",才能找回迷失的生命,感受活着真好的喜悦。

死不能解决问题,何不把寻死的念头转化为求生的意志,这才是真正的勇者,值得喝采。

观照生与死

死亡也许是免费的,
但是却要付出生命的代价。
唯有"把握当下,切莫等待",
才能找回迷失的生命,
感受活着真好的喜悦。
把寻死的念头转化为求生的意志,
这才是真正的勇者。

本书中文繁体字版本由好的文化在台湾出版，今授权中央编译出版社在中国大陆地区出版中文简体版本。该书版权受法律保护，未经书面同意，任何机构与个人不得以任何形式进行复制、转载。

图书在版编目（CIP）数据

人生无常　当下最真：参透人生的 32 堂心灵禅修/林庆昭著.
—北京：中央编译出版社，2010.12
ISBN 978-7-5117-0657-7

Ⅰ.①人…
Ⅱ.①林…
Ⅲ.①死亡哲学－通俗读物
Ⅳ.①B086-49

中国版本图书馆 CIP 数据核字（2010）第 232792 号

人生无常　当下最真：参透人生的 32 堂心灵禅修

出 版 人	和　龑
责任编辑	董　巍　季晓丽
责任印制	尹　珺
出版发行	中央编译出版社
地　　址	北京西单西斜街 36 号（100032）
电　　话	（010）66509360（总编室）　（010）66509366（编辑室）
	（010）66161011（团购部）　（010）66130345（网络销售）
	（010）66509364（发行部）　（010）66509618（读者服务部）
网　　址	www.cctpbook.com
经　　销	全国新华书店
印　　刷	北京佳信达欣艺术印刷有限公司
开　　本	880 毫米×1230 毫米　1/32
字　　数	75 千字
印　　张	6.25
版　　次	2011 年 1 月第 1 版第 1 次印刷
定　　价	28.00 元

本社常年法律顾问：北京大成律师事务所首席顾问律师　鲁哈达
凡有印装质量问题，本社负责调换。电话：（010）66509618

人生无常 当下最真

参透人生的32堂心灵禅修

林庆昭 著

全国百佳出版社
中央编译出版社
Central Compilation & Translation Press